마음을 열어야 비즈니스가 열린다

마음을 열어야 비즈니스가 열린다.

초판 1쇄 발행 2023년 4월 2일

지은이 송명도
펴낸곳 드림위드에스
출판등록 제2021-000017호

교정 김성은
편집 김성은
검수 김성은
마케팅 위드에스마케팅

주소 서울특별시 강남구 학동로 165, 2층 (신사동)
이메일 dreamwithessmarketing@gmail.com
홈페이지 www.bookpublishingwithess.com

ISBN 979-11-92338-39-2(03320)
값 15,000원

- 이 책의 판권은 지은이와 드림위드에스에 있습니다.
- 이 책 내용의 전부 또는 일부를 재사용하려면 반드시 지은이의 서면 동의를 받아야 합니다.
- 잘못된 책은 구입하신 곳에서 바꾸어 드립니다.

기본이 안 되면 기분이 나쁘다

마음을 열어야 비즈니스가 열린다

송명도 지음

막 시작을 하니 막 결과가 나오고 막 인생이 펼쳐지는 것이다

- 세일즈 정석
- 비즈니스 실용서
- 핵심 성장 노하우

기본을 모르고 뛰어든 세일즈의 세계 막 하는 것이 아니다

기본이 없고 부족하면 더 이상의 성장은 없다.
비즈니스는 막 하는 것이 아니다.
철저한 준비와 자신을 만들어야 하는 것이다

드림위드에스

목차

Part 1.
기본편 — 기본이 안 되면 기분이 나쁘다   7

1-1	시작부터 기본이다.	11
1-2	복잡은 안 된다, 쉽고, 간결하게 — 3S: Smart, Simple, Easy	28
1-3	쉽게 설명하는 3가지 원칙 — What, Why, How	39
1-4	분위기를 이끌어 가는 가장 효율적인 방법 — 질문	52
1-5	승패는 테이블에 앉기 전에 결정 나 있다.	55
1-6	실수는 잘못이 아니지만 한 번이다. 인정하고 고치는 것이 중요하다.	57
1-7	가장 치명적인 실수는 듣지 않는 것	59
1-8	자신의 실수를 스스로 찾아내라.	64
1-9	'탓, 탓, 탓' — 모든 것은 '나'로부터	67

Part 2.
심화편 — 실력 & 시간 & 성장의 상관관계   71

2-1	비즈니스의 생명은 소통이다. 혼자 떠들지 마라.	73
2-2	형식적인 것은 오래가지 못한다. — '막' 하지 마라	78
2-3	실력은 몇 년 했냐가 아니라 몇 시간 했냐가 중요하다.	84
2-4	실력 향상은 우상향 45°가 아니다. — 실력 향상 그래프	94
2-5	시간을 잡아라.(1) — 절실함의 퍼센트(%)	109
2-6	시간을 잡아라.(2) — 시간을 잡는 네 가지 방법	115
2-7	말보다 실천이다.	129
2-8	그때는 맞고 지금은 틀리다.	134
2-9	지피지기 백전백승. 자신에 대해서 알아라.	136

Part 3.
비즈니스 & 세일즈의 4단계 프로세스   139

3-1   1단계 준비와 접근(Approach) & 경계심 허물기(Ice Breaking)   140
3-2   2단계 Finding Fact & Finding Needs   152
3-3   3단계 프레젠테이션(Presentation)   156
3-4   4단계 클로징(Closing) & 소개 요청   159

Part 4.
나의 경험과 성장 그리고 시간 관리와 계획   165

4-1   시간은 관리하는 자의 것이다.
      — 계획을 세우는 자에게 주어지는 플러스의 시간   169
4-2   일간/주간/월간 스케줄 세우는 방법.   171
4-3   끊임없는 업그레이드. 조금씩 조금씩 그러나 멈추지 말고.   182
4-4   자신은 없어지는 것이 아니고 업그레이드하는 것.   185

Part 5
에필로그   189

5-1   경험과 성장의 순간   190
5-2   앞으로의 전망   192
5-3   책을 마치며   194
Q&A   196

Business

	Currencies	Commodities	News
	US Rate 1.594 Close 1.03c	Gold (AU$/oz) ▼ $1146.06 (-47.68)	Long ha for Tesco Compan Fears su spiral w profit
	€C 1.3628	Brent Crude (AU$/bbl) ▲ $52.14	

...global crisis, w

Part 1.

기본편
– 기본이 안 되면
기분이 나쁘다

비즈니스에서의 기본이란?

각종 취미 활동, 운동 등을 시작한다면 항상 강조되는 단어가 있다. 바로 '기본'이다.

골프 또는 배드민턴, 축구 등 각종 운동을 하기 위해 만난 사람이 기본을 안 갖추고 경기장에 온다면? 해당 경기 룰을 모른 채 온다면? 해당 운동에 맞는 복장을 무시하고 대충 나온다면? 기본적인 매너도 없다면? 이런 상황에 많이 처해 봤을 것이다.

기본이 안 되면 기분이 나쁘다.

그리고 기본이 안 되어 있거나 부족하면 어느 정도까지는 성장하지만 최고의 단계로는 올라가기 힘들다는 사실은 어느 누구도 부인할 수 없을 것이다. 그러면 비즈니스에서의 기본은 무엇일까? 비즈니스에서의 기본을 모른 채 비즈니스 활동을 한다면 밑 빠진 독에 물 붓기와 같다고 할 수 있겠다. 그런데 대부분 비즈니스에서의 기본이 무엇인지도 모른 채 '그냥 덤벼들면 되겠지, 경험을 쌓다 보면 되겠지.'하는 생각으로 막연하게 비즈니스를 시작하게 된다.

당연히 기본이 안 되어 있으니, 실적이 없음은 당연한 것이고, 잠깐의 반짝 실적이 나오더라도 모래 위에 쌓은 실적과 같으니 파도가 치면 금세 무너지고 마는 것이다. 운동 및 각종 취미 활동을 하는데도 기본이 요구가 되는데 돈이 오고 가는 비즈니스의 현장에서는 더욱이 기본이 강해야 살아남을 수 있다.

필자가 15년 동안 겪은 상황을 보면 기본이 잘 되어 있는 사람치고 동종 업계에서 부진한 실적으로 고민하거나, 힘들게 살아가는 것을 본 적이 없다고 자신 있게 이야기할 수 있겠다. 반대로 기본이 안 되어 있는 사람들을 보면 하나같이 신세 한탄 및 부진한 실적에 대해서 고민을 하고 있다.

당신이 왜 그런 실적인지 본인 빼고 모두가 알고 있다.

필자가 보면 그냥 답이 나와 있는데도, 그것을 부인하고 다른 분야에서 해답을 찾으려고 아등바등하는 모습을 많이 볼 수 있었다. 기초, 기본도 모른 채 그냥 덤벼 대서 그런 현상이 일어나는 것이다. 골프에서도 실력이 부족한 사람과는 다시 약속을 잡아도, 기본이 안 되어 있는 사람과는 다시는 약속을 잡지 않는다. 그러니 기본이 얼마나 중요한지 깨달아야 할 것이다.

그리고 '비스니스는 사람이 하는 것이니 자주 만나고, 밥 먹고 하다 보면 친해지게 되고 그리고 세일즈를 하면 되지.' 하는 생각을 가진 사람들이 참으로 많다. 절대로 막 덤비고 하는 것이 아니라 체계가 필요하고 계단처럼 단계가 있어야 하는데 그냥 막 해 버리는 사람들이 많다. 막 해 버리기에 막 결과가 나오는 것이다.

막 골프를 하니 막 샷이 나오게 되고, 방향은 막 가니 결과는 막 나오게 되는 것이다. 그렇게 10년 20년 해도 결과는 항상 막 나오는 것이다.

다소 진부한 내용이고 '모두가 알고 있는 내용 아니야?'라고 생각하더라도 절대 그렇지 않다. 단순히 좋은 글만, 좋은 말만 적기 위해서 책을 집필하는 것이 아니다. 직접 현장에서 겪고, 코치해 주고, 성장하게 만들어 준 핵심 노하우를 공유하고자 글을 쓰고 있고, 단순히 이론적인 내용들이 아닌, 각 단계별 세부적인 행동 지침들까지 자세하게 이야기해 보고자 한다. 단순한 이론을 나열한 책이 아니라 최대한 실질적으로 비즈니스의 현장에서 사용할 수 있고, 결과로 바로 이어질 수 있는 내용을 이야기하려고 하니 열린 마음으로 받아들이며 책을 읽는다면 큰 도움이 될 것이라고 확신한다.

1-1 시작부터 기본이다.

각자가 살아가는 현실에서도 기본이 안 되어 있는 사람과 이야기를 하거나, 얽히게 되면 뭔지 모르게 기분이 나쁘다. 각자의 삶도 그러한데 하물며 돈이라는 것이 오고 가는 비즈니스의 세계에서는 기본이 안 되어 기분이 나빠지면, 더욱 큰 문제가 일어난다고 할 수 있겠다.

전문직은 정확하고도 전문화된 지식이 기본일 것이고, 거기에 서비스 마인드 등의 플러스알파가 붙는 사람들이 더욱 잘될 것이다. 그런데 전문직인데도 불구하고 지식이 부족하고 부정확한데, 서비스 마인드 또는 건물 인테리어만 좋다면 성장은 결국 한계를 맞을 것이다.

제조업은 기술력을 바탕으로 불량 없는 좋은 제품을 제날짜에 납품하는 것이 기본일 것이나. 유통업은 정확한 물량과 수량, 품목별 일치, 신속 정확한 빠른 배송이 기본일 것이다. 이렇게 기본에 충실한 기업은 일 잘한다고 주변에 소문이 나게 되어 있고, 결국 잘되게 되어 있다.

운동선수는 기본기가 부실하면 절대 프로가 될 수 없다. 그것을 너무나도 잘 알기에 기본기만 최소 몇 년을 연마하는 것이다.

이처럼 기본이 중요하다.
그래서 비즈니스에 뛰어들기 전에 먼저 비즈니스의 기본을 알아야 한다는 것이다. 비즈니스에서의 기본 소양은 4가지 정도로 이야기하고자 한다.

첫째는 시간, 둘째는 약속, 셋째는 경청(Listen), 넷째는 수준 높은 정확한 지식이다. 쉽다고 생각하거나, 별거 아니라고 생각하거나, 다 알고 있는 것이라고 생각하는 사람들이 많다. 하지만 아는 것과 하는 것은 다르다고 이야기하고 싶다. 그리고 더 나아가서, 하는 단계를 넘어서 저절로 되는 단계로 가야 TOP이 될 수 있다.

아는 것을 실행하다 보면 각종 예상치 못한 상황들을 만나게 되고, 그럼에도 실천해 나가다 보면 이 기본이라는 것들이 몸에 배어서 저절로 되는 단계가 될 것이다. 말은 쉽고, 생각은 더 쉽다. 하지만 실천하는 것은 결코 쉽지가 않을 것이다. 그래서 누구나 할 수 있는 것이 아니기에, 이 기본이라는 것들을 해낸 사람들은 박수를 받는 것이다.

기본이 안 되면 기분이 나쁘다. 반대로 기본이 잘 되어 있으면 기분이 좋다는 뜻도 된다. 기본을 익히고 몸에 완전히 배게 만들어야 일류가 될 수 있다.

역지사지, 입장 바꿔 생각해 보라. 기본이 안 되어 있는 사람에게 물건을 사겠는가? 지식이 부족한 보험 영업 사원에게 보험 가입을 할 것인가? 자동차에 대해서 잘 모르는 판매원에게 자동차를 구매할 것인가? TV에 대해서 몇 인치인지도 헷갈려 하는 판매 사원에게 TV를 구매할 것인가? 입장 바꿔 생각해 보면 기본이 얼마나 중요한지 알 수가 있을 것이다.

1. 시간

1) 약속 시간을 지키는 것은 최고 중의 최고로 중요하다고 할 수 있다. 생각 외로 시간을 안 지키거나 촉박하게 도착하는 사람들이 많다. 개념을 다시 정립하기 바란다. 시간을 정확히 지킨다는 것은 제시간에 도착하는 것이 아니다. 미리 도착해서 주차를 하고, 자료를 챙기고, 자신의 외모를 챙기고 나서 입장하는 시간을 정확히 했을 때 시간을 지킨 것이라고 정의를 하고자 한다.

예를 들어 2시에 미팅이면 1시 55분쯤 전화해서 주차는 어디에 해야 되는지 묻거나 또는 주차하고 부랴부랴 사무실 들어가서 화장실이 어디에 있는지 찾는 경우를 어렵지 않게 볼 수 있다. 그러면 늦어서 죄송하다는 말부터 해야 하고, 분위기에 지고 들어가게 된다.

상담의 주도권은 항상 나에게 있어야 하는데, 내가 지각하는 순간 주도권은 상대한테 가게 되는 것이다. 그렇기에 미리 도착해서 주차까지 해 놓고, 화장실도 가고 모든 것을 점검한 시간이 최소 1시 50분은 되어야 엘리베이터를 타고 올라가서 2시에 미팅 장소에 완벽하게 입장할 수 있는 것이다. 이것은 기본 중의 기본인데, 이것을 못하거나 안 하는 사람들이 매우 많다.

기억해라. 시간을 안 지키는 사람은 다른 것도 안 지킬 확률이 매우 높으니 이런 사람과 무슨 비즈니스를 할 수 있겠는가?

2) 약속시간 5분, 10분 전 도착이 아니다. 최소 30분 전 도착을 말하는 것이다. 미리 도착해서 프레젠테이션 자료를 연습하고 확인하는 시간으로 보내라는 것이 아니다. 주변의 분위기와 풍세를 살피고, 주변의 환경을 본인에게 익숙하게 만들어야 한다는 것이다. 그리고 사무실이 아닌 커피숍 같은 장소에서 만난다면 미리 가서 조용한 장소를 선점하기 위해서는 최소 30분 전에 도착해야 한다는 것이다.

이렇게 미리 도착해서 준비가 되어 있는 사람과 5분 전 또는 정각 더 심각하게는 10분 지각하는 사람이 있다고 하면, 당신이라면 어떤 사람과 계약할 확률이 높겠는가! 이 작은 차이가 하루, 한 주, 한 달, 1년, 10년이 간다면 어마어마한 차이가 되어 있을 것이다.

처음에는 몸에 익히기가 생각보다 쉽지 않을 것이다. 그렇지만 해야 한다. 반드시 만들어야 한다. 기본중의 기본은 몸에 밸 때까지 억지로라도 만들고 또 만들어야 한다. 이렇게 해서 완성이 되면 자신의 최고 자산이 될 것이다.

2. 약속

약속에 대한 자신만의 철학을 세울 필요가 있다.
약속에 대한 필자의 생각을 공유해 보고자 한다.

1) 선약 우선의 원칙.
2) 손해가 나더라도 약속을 했으면 지키는 것이다.
3) 약속을 안 지키는 사람과 무슨 비즈니스를 하겠는가?

선약 우선의 원칙. 먼저 잡은 약속이 우선이다.
정말 많이 보게 되는 상황이다. 특히 영업 사원들에게서 많이 발견할 수 있는 상황이다. 잠재 고객과의 약속이 먼저 잡혀 있는 시간에, 계약서에 사인을 하자고 하는 고객과의 약속이 겹쳤을 경우, 거의 대부분은 잠재 고객과의 약속을 취소하고, 사인을 하자는 고객과 약속을 잡을 것이다.

잠깐 한두 번은 요령껏 할 수 있겠지만, 절대 추천하지 않는다. 먼저 잡힌 약속도 소중한 약속이다. 계약서에 사인을 하자는 약속 또한 중요하겠지만 필자는 항상 스스로에게 다짐한 것이 있다. 선약이 우선이다. 입장 바꿔 놓고 생각해 보라. 본인의 약속이 판매의 상황이 아니라고 뒤로 밀린다면 그것을 기분 좋아할 사람은 아무도 없다. 그래서 가급적이 아니라 절대적으로, 약속의 무게를 달아서 비교해 보고 약속을 변경, 취소하는 경우는 만들지 않기를 바란다.

사소하다고 생각해서 상습적으로 가벼운 약속은 중요한 약속이 생겼을 때 취소하거나 변경하는 사람들이 많다. '선약 우선의 원칙'이라고 필자는 나름 원칙을 세워서 비즈니스를 해 오고 있다. 웬만해서는 먼저 잡힌 약속은 변경하지 않는 원칙을 세웠다는 것이다. 물론 누가 봐도 중요한 약속이 갑자기 생겼다면 일정 변경은 불가피하지만, 한두 번이다. 이것이 상습적으로 이루어져서는 안 된다는 것이다.

손해나는 약속도 지켜야 한다.
또 많이 하는 문제점으로는 약속해 놓고 보니 손해가 나는 상황이다. 물론 손해의 금액이 크다면 다시 정정해야 되겠지만, 소소한 경우 또는 생각보다 수입이 적어지는 경우 고민을 하게 될 것이다.

필자는 확실히 말하고 싶다. 한번 입으로 내뱉었으면 손해가 나더라도 지켜야 한다. 그러니 말을 하기 전에 충분히 생각을 하고 말을 해야 실수가 없다.

그리고 어쩔 수 없어서 약속을 지켰다고 한다면, 잠깐은 손해가 날 수 있겠지만 이 또한 상대도 알고 있기에 훗날 더욱 큰 비즈니스의 성과로 돌아오기도 한다는 점을 잊지 말아라. 반대로 그 잠깐의 손해를 보지 않기 위해 말을 바꾼다면, 상대도 당신을 믿지 않고 말을 바꾸게 될 것이다. 결국 소탐대실이 될 수도 있다.

약속 안 지키는 사람과는 비즈니스를 하지 않는다.

세일즈 환경에 있는 사람 중에 약속을 안 지키는 사람이 의외로 많은 것을 발견하게 된다. 습관적으로 약속해서 자주 잊어버리는 사람도 있고, 자신이 할 수 없는 일인데 하겠다고 해서 차일피일 이러지도 저러지도 못하는 사람도 있다. 그리고 그냥 약속을 안 지키는 사람도 있다. 이런 유형의 사람들과는 절대 비즈니스를 해서는 안 된다고 강력히 이야기하고 싶다.

입장 바꿔 생각해 보라. 말 바꾼 사람 또는 약속을 안 지키는 사람과 다음 비즈니스를 할 것인가? 이유 여하 불문하고 상대방과 합의로 한 약속을 어기게 된다면, 확실한 것은 그 사람과의 다음 비즈니스는 없다는 점이다.

3. 경청

'**내가 말을 잘해서 비즈니스가 되는 것이 아니다. 상대의 가려운 부분을 정확히 긁었을 때 성과가 나오는 것이다.**'

이 말이 핵심이라고 이야기하고 싶다. 비즈니스에서 정말 키워져야 할 역량이 있다면 '경청'일 것이다. 상대의 이야기를 들어야 어디가 가려운지 알게 되는데, 상대의 이야기를 다 잘라먹고, 내 이야기만 한다면 어디가 가려운지 모른 채 다른 부위만 긁게 되는 것이다. 답답한 상황이라는 것이다.

1) 단순히 듣는 Just listen을 말하는 것이 아니다.
2) 상대방의 이야기에 감정을 이입하고, 상대가 말하려는 것이 무엇인지 이해를 하려고 노력하며 들어야 한다. 필요하다면 메모를 하면서라도 들어야 한다.
3) INPUT을 제대로 못 하면 OUTPUT은 당연히 제대로 된 결과가 나오지 않는다.

듣기 또는 경청이라는 것에 대해서 대다수가 어려운 것이라고 인식을 하고 있다. 그러나 듣기가 어렵다는 것은 핑계와 합리화일 뿐이다. 유튜브에서 shorts를 보다 보면 30분, 1시간이 훌쩍 지나가는 상황들을 많이 겪었을 것이다. 듣기가 어려운 것이 아니라, 상대방에게 관심이 없기 때문일 것이다.

관심 없는 상대방이 관심 없는 내용에 대해서 이야기를 20~30분 동안 하고 있는데 그 내용이 정확하게 귀에 들리면서 이해한다는 자체가 불가능한 것이라고 필자는 이야기하고 싶다.

그러나 자신이 하는 일에 관심을 가지고, 만나는 상대방에게 관심을 가진 상태에서 미팅을 하게 된다면 과연 20~30분의 경청이 어렵겠는가? 절대 아닐 것이다.

다시 한번 정리하자면 경청이 어려운 것이 아니다. 경청이 어려운 이유는 상대방과 상대방이 이야기하는 내용에 내가 관심이 없어서이다. 그래서 소위 '꼰대'라고 불리는 사람들의 이야기를 1분만 들어도 힘들어하는 이유도 그래서이다.

자신이 경청을 할 준비가 되어 있거나, 경청을 잘 한다고 생각하는 사람은 다음 단계를 보고 자신을 파악하고 업그레이드할 필요가 있다. 듣기에는 5가지 단계의 수준이 있는데, 자신은 어느 수준에 속하는지 확인해 보자.

1단계 '무시'

상대방의 말을 들으려고 노력하지 않는다.

여기에는 직장 상사 또는 부모님의 말에 '라떼는 말이야'라는 말이 등장했을 경우의 대표적인 반응이라고 할 수 있겠다. 상대방에 대한 생각도, 감흥도 없는 단계이다. 아직 주위를 보고, 상대를 쳐다보고, 그 입장을 생각할 여유가 없다. 자신이 이런 단계라면 절대 세일즈 또는 비즈니스의 영역으로는 들어오지 말기를 바란다.

2단계 '듣는 척'

상대방의 말을 듣는 시늉만 한다.

습관적인 대답 '네~, 네~'가 여기에 해당될 수 있겠다. 상대가 모를 것이라 생각하고 이렇게 행동하는 사람들이 많다. 하지만 상대는 다 알고 있고, 다 느끼고 있다. 말을 안 하는 것뿐이다. 그리고 이런 사람들은 잘 듣는 것처럼 보이지만, 질문을 해 보면 금세 드러난다. 듣는 척만 한 것이다.

역시나 자신이 이런 단계에 있다면 세일즈와는 안 어울리는 사람이라고 할 수 있겠다.

3단계 '선택적 듣기'

상대방이 하는 말 중에서 흥미 있는 부분만 듣는다.

자신이 좋아하는 내용에는 적극적이지만, 그렇지 않으면 말을 자른다든지 화제를 넘긴다든지, 지루해하는 표정을 짓는다든지 하는 것들이 여기에 해당된다.

거의 대부분의 경청을 좀 한다는 사람들이 이 단계이다. 그러나 아이러니하게도 자신은 여기에 해당되지 않는다고 생각하는 사람들이 대부분이다. 본인은 본인을 모른다. 그러나 상대는 정확하게 알고 있으니, 나를 잘 아는 사람에게 진심으로 물어보면 리얼한 이야기를 해 줄 것이다.

자신이 이런 스타일이라면 반대로 질문을 잘 준비하기를 바란다. 내용이 지루해질 것 같으면 질문을 통해서 대화의 흥미도를 끊임없이 끌어올려야 할 것이다.

하지만 역시나 이 단계의 사람들도 비즈니스 또는 세일즈에는 어울리지 않다고 할 수 있겠다.

4단계 '적극적 경청'

적극적인 경청 단계부터는 준비된 사람들이 갈 수 있는 단계이다. 비즈니스나 세일즈도 이 4단계가 되는 사람들이 해야 한다고 이야기하고 싶다. 상대방의 이야기에 어느 정도 배경지식이 학습되어 있거나 또는 상대방의 이야기에 관심을 표현하는 것을 타고난 사람들이 이 단계라고 할 수 있겠다.

이런 사람들은 인기가 많다. 입장 바꿔 생각해 보자. 자신의 이야기를 적극적으로 들어 주는 사람을 싫어하는 사람은 없을 것이다. 비스니스를 하기에 아주 좋은 사람들이다. 그러나 쉬운 단계가 아닌 만큼 육체적, 정신적으로 힘든 부분도 많은 것이 사실이다. 그래서 추가적으로 갖추면 좋을 부분은 하염없이 듣지 말고, 대화의 뼈대 또는 대화의 주체가 본인이 되어야 한다는 것이다. 대화의 뼈대를 생각해 놓고, 거기에서 벗어났을 때 살짝 방향을 틀어서 돌아올 수 있게 효과적인 질문도 생각해 놓는다면 본인이 대화의 주체가 될 것이다. 그러면 시간을 아끼게 되면서 상대는 많은 이야기를 했으니 서로 만족감이 아주 높을 것이다.

5단계 '공감적 경청'

상대방의 말, 의도, 감정을 이해하기 위해 상대방이 말하는 동안 자기 생각과 감정을 비우고 잠시 상대방의 입장이 되는 단계를 말한다. 비즈니스에서 최고로 요구하는 경청의 단계는 바로 이것이다.

상대방의 마음속으로 들어가서 상대방의 입장이 되어서 상대방의 생각을 공유하고 상대방이 하는 말을 듣는 것으로, 이렇게 함으로써 말하는 사람의 의도나 생각, 고민 등의 문제에 대해서 한층 더 깊게 이해하고 인식할 수 있다. 이렇게 깊게 이해하게 되면 핵심을 보다 빨리 발견할 수가 있다. 상대가 계약을 하려는 핵심 이유 또는 계약을 하지 않으려는 핵심 이유를 쉽게 알 수 있다.

중요한 것은 이번 한 번의 계약의 결과가 아니라, 왜 계약이 되었고 왜 계약이 안 되었는지를 아는지가 더욱 중요하다는 것이다.

단계	핵심
1단계	무시
2단계	듣는 척
3단계	선택적 듣기
4단계	적극적 경청
5단계	공감적 경청

성공적인 비즈니스를 위해서는 4단계에서 5단계까지는 반드시 끌어올려야 한다. "사람을 움직이는 가장 중요한 무기는 입이 아니고 귀다."라는 말이 있다. 그만큼 듣는 자세가 중요하고, 사람은 누구나 자기의 말을 잘 들어 주는 사람을 좋아한다. 단순히 잘 듣기만 하면

된다고 교육을 받았다면 5단계인 '공감적 경청'으로 업그레이드를 해야 한다.

그러면 경청을 잘하려면, 어떻게 해야 할까?

첫째, 먼저 지금 하는 모든 일을 접어 두고 대화에 집중해야 한다. 대화를 하면서 자신은 다 듣고 있으니 이야기 계속 하라면서 핸드폰을 하는 경우를 꽤나 많이 볼 수 있다. 절대 매끄러운 대화가 되지 않는다.

둘째, 상대방이 충분히 이야기를 다 하도록 기다려 줘야 한다. 말을 자르지 마라. 우리는 성격이 급하고 나와 상관없는 내용은 들으려고 하지 않다 보니, 상대방의 말에 귀를 기울이는 대신 틈만 나면 자기가 하고 싶은 말을 하려고 한다. 그러면 안 된다.

셋째, 상대방이 하는 말의 내용을 이해하면서 들어야 한다. 한 연구에 따르면 대부분의 사람은 상대방의 말이 끝나자마자 말한 내용의 50%를 잊어버리고, 하루가 지나면 25~27%만 기억에 남는다고 한다. 이 말은 커피숍 문을 열고 나가면서 대화의 50%는 잊어버리고, 집에 현관문을 열고 들어가면서 남은 대화의 50%를 또 잊어버린다는 것이다. 고로 25% 정도가 간신히 남아 있는데, 이해하면서 듣지도 않았다면 이 25%마저도 없어지는 것이다. 고로 상대에게 집중해야 하는 것이다.

　넷째, 상대방 말의 의도를 파악하여야 한다. 대화에는 드러나는 표현과 숨겨져 있는 의도가 있다. 경청한다는 것은 드러나는 말뿐만 아니라, 의도를 파악해 내는 것이기도 하다.

　다섯째, "아, 그렇군요." 등 맞장구를 치면서 상대방의 말에 짧은 반응을 보이며 열심히 듣고 있다는 사실을 상대에게 확인시켜 준다.

　여섯째, 간결하면서도 적절한 질문을 한다. 예를 들면, "지금 말씀하시는 내용은 ~것이지요?"라는 질문을 통해 대화의 초점을 맞추어 갈 수 있다.

　절대 명심하라. 경청을 해야 하는 이유는 'KEY'를 내가 가지고 있지 않고, 상대방이 쥐고 있기 때문이다. 비즈니스에서의 핵심 KEY는 내가 가지고 있지 않다. 상대방 입에서 나오는 말 속에 핵심 KEY가 있다는 것을 잊지 말아라. 그러니 상대가 많을 많이 즐겁게 속 이야기까지 하게 된다면 그 말 속에 KEY가 같이 섞여 나올 것이다.

	핵심
첫째	모든 일 접어 두고 대화에 집중 핸드폰 사용 자제
둘째	상대방의 말을 자르지 마라 들으면서 기다려라
셋째	이해하면서 들어야 한다 이해 못 했으면 다시 물어라
넷째	상대의 말의 의도 파악
다섯째	과하지 않은 리액션
여섯째	시기적절한 질문

당신이 지혜롭다면, KEY를 찾기 위해서 내가 말을 많이 할 것인가? 상대가 말을 많이 하게 만들 것인가?

4. 정확한 지식

1) 내가 팔고자 하는 것에 대한 정확한 지식은 필수이다. 잘못 전달하고 다시 수정하지 말고, 자신이 없으면 확인하고 알려 주겠다고 말하라.
2) 그러나 확인하고 알려 주겠다고 하는 것은 한 번이다. 두 번, 세 번이 되면 안 되는 것이다. 실력이 부족함을 스스로 드러내는 것이다.
3) 최소한 고객이 ON-LINE을 통해서 알 수 있는 지식 이상을 알고 있어야 한다는 것이다.

최근 국민의 교육 수준이 높아지는 것과 동시에 ON-LINE을 통한 정보 습득량이 과거와 비교도 안 될 정도로 높아진 것이 사실이다. 그래서 자동차 한 대를 판매하더라도 판매해야 할 제품의 장단점뿐만 아닌 부품 소재, 성분 등을 전부 알아야 상대방을 설득시키기 가능하다.

자신이 톱클래스에 올라가고 싶다면 서치(Search)해서 나오는 내용은 기본적으로 알고 있어야 하고, 거기에 실생활에서 어떻게 활용되는지, 이성적으로, 감성적으로, 다방면으로 지식이 많아야 한다. 직접 경험이 어렵다면 간접 경험이라도 해야 하고, 머릿속으로 무수히 많은 상황들을 시뮬레이션이라도 해야 한다.

내가 이 제품을 쓴다면 장점은 무엇이고, 어떻게 활용할 때 그 장점이 극대화되는지, 단점은 무엇인지, 하지만 단점을 어떻게 커버할 것인지 기본적으로 알고 있으라는 것이다. 단순한 제품 지식, 일명 '스펙' 설명만 가지고는 톱(TOP)은 될 수 없다.

  그리고 잘 모르겠는 내용은 모르겠다고 하는 것이 맞다. 자신이 해당 분야의 프로(Professional)라고 생각한다면 "확인하고 알려주겠다."라는 말은 한 번이다. 두 번, 세 번이 되면 프로는 아닌 것이다.

1-2 복잡은 안 된다, 쉽고, 간결하게.
― 3S: Smart, Simple, Easy

　대부분의 비즈니스를 하는 사람들은 어려운 용어를 많이 사용한다. 특히 전문직으로 갈수록 그런 경향은 더욱 심해진다. 앉아서 듣다 보면 '설명력 부족'이라는 다섯 글자로 상황이 정리가 된다. 물론 이야기하는 전문가는 항상 현업에서 사용하는 단어이기에 자연스럽게 그 단어가 나왔겠지만, 앉아서 듣는 사람들은 생전 처음 듣는 단어일 수도 있고, 그 단어가 어떤 의미인지 생각하다가 대화의 흐름을 놓치는 경우가 많다.

상대가 움직이는 때는 내가 전문적으로 화려하게 설명했을 때가 아니라, 상대가 이해되고 납득이 되었을 때다.

　그러니 어려운 말을 하는 것보다, 쉽게 이해될 수 있게 설명을 하는 것이 중요하다는 것이다. 본인의 일에 전문가인 것과 상대에게 설명을 잘하는 것은 다르다.
　추천하는 방법으로는 자신이 말하고자 하는 내용을 배우자 또는 자녀에게 설명해 봐라. 그래서 그들이 이해하고, "그런 것을 해야겠네." 또는 "그 물건을 사야겠네."라는 반응이 나온다면 된 것이다. 칼은 갈아졌고, 예열은 된 것이다. 그런데 대부분 배우자 또는 자녀에게 설명을 해 보면, 눈만 멀뚱멀뚱 뜨고 있는 모습을 많이 볼 것이다. 우리 배우자는 못 알아들어서 답답하다는 말을 하겠지만, 문제는 배우자가 아니다. 어렵게 설명하고, 쉽게 설명 못 하는 자신에게 있다.

중요한 것은 어느 직종이든지 내가 하고자 하는 것, 내가 하려는 것, 내가 팔려는 물건 등을 설명하는 것을 10대부터 70대까지 모두 이해가 될 수 있게 쉽게 설명을 해야 한다. 중요한 진리다. 상대가 움직이는 때는 내가 엄청 잘 설명했을 때가 아니라 상대 본인이 이해되고 납득되었을 때이다.

이것을 조금 더 쉽게 행동으로 옮기기 위해서 3S(Smart, Simple, Easy) 3가지 개념으로 정리해 보았다.

1. Smart

  비즈니스도 영리하게 하는 방법이 존재한다. 예를 들어 하나의 제품을 설명할 때 자신이 아는 내용을 전부 다 말이 되게, 상대방이 다 알아듣게 설명한다면 좋겠지만, 모두가 같은 지식을 가진 것이 아니어서 자신만 알아듣고 상대방은 전혀 이해하지 못한다면 어떨까? 이것처럼 모두가 시간 낭비인 비즈니스는 없을 것이다. 더 악화될 시 비즈니스 상황이 깨져 버릴 수 있다.

  나도 이런 경험을 지니고 있는데, 내 머릿속은 1부터 10까지 모두 있지만 이를 모두 전달하려고 하면 오히려 나와 상대방 모두가 혼란스럽게 되었다. 그렇기에 상대방이 이해하지 못한 상황이라면 내가 알고 있는 지식을 더욱 똑똑하게 간단 설명하는 것이 모두가 편한 비즈니스 환경이 될 것이다.

  이 말인즉슨, 말에 들어 있는 열매만 가져와서 핵심만 똑똑하게 전달해라. 복잡한 내용 빼고, 어려운 내용 빼고, 노트북 꺼내서 전원 연결하고 패드를 가지고 이리저리 넘기며 정신없게 설명하는 것을 빼라. 복잡한 절차를 줄이고 또 줄여라. 더 빠른 방법을 원한다면 본인의 행동 및 말을 동영상 촬영 또는 녹음해서 들어 보길 추천한다. 그러면 불필요한 언어, 중복되는 언어, 내용에 어울리지 않는 언어 등을 많이 제거할 수 있다. 그렇게 불필요한 내용이나 절차, 상황들을 Smart하게 만드는 노력이 필요하다.

2. Simple

첫 번째 방법, 절차와 환경 등의 Smart화가 잘 진행되었다면 이어서 내가 하고자 하는 언어 및 내용의 Simple화가 필요하다.

실제로, 어떤 이야기를 하더라도 배경 설명, 상황 설명 등 말을 장황하게 늘어뜨리는 사람들이 간혹 있는데 처음에는 어느 정도 소통이 이어지는가 싶더니 결국에는 말하는 사람과 듣는 사람 모두가 의문에 빠지는 경우가 생긴다. 본인도 이야기를 하다가 '내가 지금 왜 이 말을 하지?', '우리 무슨 이야기하다가 이 이야기를 하게 되었지?' 등의 상황을 많이 겪었을 것이다. 개인 간의 대화에서는 크게 중요하지 않을 수는 있지만, 비즈니스에서는 다르다.

내가 전달하고자 하는 내용은 Simple해야 한다. 세부적인 내용이나, 구체적인 내용은 자료를 첨부하거나, 이후 추가 설명에 붙이는 것이 좋다. 비즈니스 사회에서는 시간이 금이다. Simple하기 위해서는 본인이 설명하는 것을 대본으로 써 보고, 가장 핵심을 중심으로 주변의 불필요한 내용을 줄이고, 또 줄여라. 핵심이 돋보이게 만들어야 한다. 주변에 용어가 많으면 많을수록 핵심이 묻혀 버린다. 그러면 듣는 사람이 무엇이 핵심인지 발견하기가 어려워진다는 것이다. 적어도 자신이 말하고자 하는 바를 한 줄로 요약, 세 줄로 요약, 다섯 줄로 요약을 하길 바란다. 대부분의 미팅의 핵심은 다섯 줄을 넘어가지 않는다.

그래야 회의도, 미팅도 Simple해지고, 상대방의 머릿속도 Simple해지는 것이다.

3. Easy

'쉽게'라고 함은 10대부터 70대 어르신까지 이해할 수 있고 구매의 필요성을 느낄 만큼' 할 수 있어야 한다. 상대방의 눈높이와 배경지식 수준에 맞춰서 의견을 전달하는 것은 비즈니스 영업에서 매우 필수적인 요소이다.

예를 들어 개발자가 기술 용어가 익숙하지 않은 기획자에게 의견을 전달할 때는 쉽고 포괄적인 단어를 사용하거나, 기술 용어를 반드시 사용해야 한다면 간단하게라도 그 개념에 대해서 설명해 주는 것이 서로의 업무적 관계를 수월하게 만들 것이다. 또한, 상급자가 새로 입사한 신입 사원이나 관련 담당 직원에게 의견을 전달하려 할 때도 그 사람의 눈높이에 맞추어서 말해 주는 것이 효율적이다.

즉, 비즈니스의 기본은 의사를 전달할 때 상대방의 처지에서 생각하고 상황, 직업, 지식의 수준에 맞추어서 내용을 알기 쉽게 전달해야 한다. 제공하고자 하는 제품과 서비스가 실제로 상대방에게 이끌림이 있도록 핵심만을 쉽게 전달하는 것이 수많은 비즈니스 영업인 중에서 능력을 판가름할 수 있는 요지이다.

설명은 절대 어려워서는 안 된다. 비즈니스에서 내용이나 대화가 어려울 이유는 전혀 없다. 기억하라. 어렵게 설명해서 손해 볼 것은 있어도, 쉽게 설명해서 손해 볼 것은 없다.

아무리 좋은 능력을 가졌다 하더라도 어디선가 새는 곳이 있다면 결국 넘치지는 못할 것이다. 필자의 직접 경험과, 코칭을 통한 간접 경험을 통해 대부분의 세일즈를 하는 사람에게서 많이 볼 수 있는 실수를 정리해 보았다.

영업 사원들을 코칭하다 보면 고민 1순위는 "왜 실적인 안 나오는지 모르겠어요."이다.

CEO들을 만나 보면 역시나 고민 1순위는 "왜 매출이 없는지, 안 오르는지 모르겠어요."이다.

골프를 치는 분들 중에는 "왜 스코어가 안 줄어드는지 모르겠어요." 또는 "왜 같이 치는 동반자들이 점점 줄어드는지 모르겠어요."이다.

"모든 문제는 멀리서 찾지 마라. 나로부터다."

대부분 자신의 모습은 자신이 볼 수가 없다.

필자 역시 나의 모습과 모순은 내가 스스로 알게 된 것이 아니고 누군가의 이야기 또는 충언을 통해서 알게 되었고, 고치게 되었다.

핵심부터 이야기하면 대부분의 문제의 답은 바로 본인한테 있다. 하지만 대부분의 사람들은 정답을 외부에서, 또는 전혀 엉뚱한 데서 찾으려고 하는 것이다. 자기에게 있다는 것을 인정하고 싶지 않은 것인지, 자신이 원인이 아니라고 합리화하고 싶은 건지는 모르겠지만 말이다.

그런데 확실한 것은 대부분 본인이 하는 행동에 대해서 어떻게 비춰지고 있는지 본인은 너무나도 모른다는 것이다. 골프할 때 싫어하는 동반자 유형 TOP10을 읽는 경우, '혹시 내가 TOP10의 유형에 들어갈까?' 하는 생각을 하면서 읽는 사람보다, '나는 아니고 저 사람, 이 사람, 그 사람이 그렇지~'라고 생각하며 그 글을 읽는 사람이 훨씬 많은 것처럼.

하지만, "본인 빼고 다 안다."라는 말도 덧붙이고 싶다.

골프에서 슬로플레이어(Slow player)는 누구나 기피하고 싶은 대상이다. 하지만 본인은 모른다. 이야기해 줘도 모른다. 동영상을 보여 줘도 모른다. "아니, 내가 내 돈 내고 내가 치고 싶은 골프를 치는데 왜 문제가 되냐"면서 오히려 정색하는 경우를 어렵지 않게 볼 수 있다. 인정하고 싶지 않아 한다. 그래서 자신의 스타일을 계속 추구한다. 그래서 동반자가 떠나는 것이다. 골프는 혼자 치는 것이 아니다. 4명이 함께 발맞춰 가면서 하는 스포츠다. 그렇기에 룰(Rule)이나, 매너(Manner)가 중요하다는 것이다. '나는 아니겠지.'보다는 '나일 수도 있겠다.'라는 생각을 하는 사람은 결국 잘되게 되어 있는 것이 현실이다.

"왜 실적이 안 나오는지 모르겠어요."라고 하는 영업 사원들은 조금 쉽다.

1장에 언급한 기본에 대한 내용들을 질문해 보면 어느새 본인이 깨닫게 된다. 시간에 대해서 본인의 행동 패턴을 이야기해 보면 문제점을 쉽게 발견할 수 있게 되고, 지식에 대해서 이야기해 보면 부족한 지식을 바로 찾아낼 수 있게 되고, 활동량을 체크해 보면 즉시 실적이 부족한 이유를 알 수 있게 된다. 스스로 깨닫게 된다.

이렇게 난자하게 자신을 파악해야 현실을 깨닫게 되고, 하나씩 하나씩 고쳐 나갈 수 있는 것이다.

"왜 손님이 없는지 모르겠어요."라고 하는 음식점 사장님들의 고민은 어렵지 않게 듣는 내용이다.

그 음식점은 왜 매출이 없을까? 답은 뻔하다. '맛'이 없는 것이다. 옆집 사람, 지나가는 사람 붙잡고 물어봐도 나오는 내용이다. 그런데 대부분 그것을 인정하기 싫어서, 다른 것에서 정답을 찾고 있는 것을 어렵지 않게 발견한다.

만약 맛이 있는데도 매출이 없다면? 답은 '서비스' 또는 '환경'에서 찾으면 된다. 그런데 '맛'도 있고, '서비스'도 좋고 '환경'도 좋은데 매출이 없다는 식당? 이런 식당은 없다고 할 수 있겠다.

이렇게 너무나도 명명백백한 내용임에도 불구하고 인정하지 않거나, 인정하고 싶지 않은 사람들이 많다.

또 하나, 음식이든 세일즈든 상대방에게 포커스(Focus)를 맞춰야 하는데 자신에게 포커스를 맞춘 사람들을 상당히 많이 만난다.

예시 1.
음식점 사장님들이
'내가 먹어 보니 맛있는데.'
'내 입맛에는 참 맛있는데.'
'내가 보기에 이 정도 인테리어나 주변 환경이면 괜찮은데.'
'내가 보기에 이 정도 서비스면 괜찮은데 그럼에도 불구하고 왜 사람들은 우리 식당에 안 오는 것일까?' 하는 내용들이다.

예시 2.
'내가 열심히 설명하는데 왜 못 알아들을까?'
'내가 열심히 뛰어다니는데 이 정성을 왜 몰라줄까?'
'내가 열심히 자료를 준비했는데 왜 대충 보고 건성건성 볼까?'
'내가 이정도 노력을 했으면.'
'내가 이정도 서비스를 했으면 그럼에도 불구하고 왜 계약은 안되는 것일까?' 하는 내용들이다.

두 가지로 답을 할 수 있겠다.
첫 번째는, 본인이 입으로 정답을 이야기하고 있는 것이다. '나' 중심에서 생각하기 때문에 그렇다. 핵심은 '고객' 또는 '상대방'에게 있는데, 그 상대방이 듣고 싶어 하는 이야기를 하는 것이 아니라 내가 하고 싶은 말을 하기에 동상이몽이 되는 것이다.

　상대가 먹고 싶어 하는 맛과 받고 싶어 하는 서비스를 위해 노력하는 것이 아니라, 내가 주고 싶은 맛과 내가 하고 싶은 수준의 서비스를 하기에 상대는 그 음식점에 가지 않는 것이다.

　두 번째는, 쓸데없는 똥고집이라고 말하고 싶다.
　자긍심, 자부심 이렇게 본인은 이야기하고 싶겠지만, 그것은 똥고집에 불과하다는 것을 이야기하고 싶다. 폐업을 해 봐야 조금 깨닫게 될까? 부질없는 노력이며, 밑 빠진 독에 물 붓기와 같다고 할 수 있겠다.
　사업 또는 세일즈가 자신이 생각한 것처럼 뭔지 모르게 안 풀린다면 빨리 내려놓고, 자신을 점검해 보길 바란다. 자신이 스스로 점검이 쉽지는 않을 것이기에, 진심 어린 충고 및 조언을 해 줄 수 있는 사람에게 점검을 받아 보아라. 그것마저도 아는 관계라서 부담스럽다면, 전문가에게 의뢰해 보실 바란다. 냉정하게 이야기해 줄 것이다.
　사람이기에 완벽할 수는 없다. 모든 것을 잘 할 수 없다. 그래서 보완, 또 보완을 하는 것이다. 보완하는 것을 두려워해서는 안 된다. 스마트폰의 앱만 보더라도, 수시로 앱들이 업데이트될 것이다. 그만큼 부족하고 아쉬운 부분들을 보완해 나가고 있다는 것이다. 기계도 그런데 하물며 사람은…. 더 실수와 모순이 많은 것이 지극히 당연하다.

그러면 수많은 실수들과 Miss들이 있을 것인데, 하나하나 열거하는 것은 너무나 비효율적이라 할 수 있겠다.

관점을 조금 바꾸어 실수를 바라보는 관점, 실수를 대하는 자세, 실수를 어떻게 극복을 하게 되는지에 대해서 자세히 설명해 보고자 한다.

1-3 쉽게 설명하는 3가지 원칙 — What, Why, How

사람들과 미팅을 하다 보면 설명력이 떨어지는 사람들을 어렵지 않게 만날 수 있다. 심지어 교사, 교수의 영역에 있는 사람들에게서도 발견하는 것은 어렵지가 않다.

말을 장황하게 하는 사람, 2~3줄이면 끝날 내용을 20~30줄로 표현하는 사람, 듣다 보면 딴 생각 나게 하는 사람, '하~ 저 사람 또 말을 시작했네~' 하게 하는 사람.

필자의 경험을 읊어 보면, 어느 대학에서 A라는 교수님의 수업을 두 시간 동안 들었는데 그 시간이 너무 힘들었던 기억이 있다. 힘들다 못해 화까지 났다. 그렇게 중요하지 않았던 '라떼'의 이야기들과, 온갖 잡담스러운 내용을 다 뺀다면 5줄로 요약이 가능한 이야기였다.

두 시간의 강의가 끝난 후 '저 교수님은 무엇을 말하고 싶었을까?' 하고 생각해 보니 5줄로 요약이 되었고, 그 5줄 외에는 아무리 생각해도 생각이 나지 않았다. '5줄의 핵심을 이야기하기 위해서 2시간을 듣고 있어야 하나?' 하는 생각이 들었다. 너무나 시간이 아까웠다.

최첨단의 디지털 시대에 살고 있는 상황이지만, 아직 교육의 분야는 아날로그를 벗어나지 못하고 있는 상황이 너무나 안타까웠다.

반대의 상황을 보자. 최근의 유튜브 영상들을 보면 정말 짧은 시간에 핵심을 전달해 주고 있다. 조금이라도 장황해지고 루즈해지면 채널은 바로 돌아가고 만다.

한 예로 '너덜트'라는 채널이 있는데, 군더더기 없는 멘트와 버릴 것이 하나도 없는 대사로 정말 재미있게 영상을 만드는 채널이다. 이 채널의 PD가 한 이야기가 있다.

> "대사를 쓸 때 줄이고 줄여서
> 더 이상 버릴 단어가 없을 때까지 원고를 수정한다."

앞에서 말을 해야 하는 사람이라면 정말 귀를 기울여 들어야 할 내용이다.

필자 역시 유튜브를 보면 동일한 콘텐츠이지만 이 채널은 왜 인기가 있는지, 왜 저 채널은 인기가 없는지 바로 알 수가 있다. 센스가 있는 사람들의 영상을 보면 정말 기분 좋게, 재미있게 보면서 좋아요 또는 구독을 저절로 누르게 된다.

그런데 대체적으로 적당히 올린 영상이나 나이가 든 사람들 또는 학문적으로 이름이 있는 사람들의 영상을 보면 듣기가 너무 힘들어진다. 그래서 10초 스킵, 20초 스킵을 많이 하게 되는 편이다. 그 영상은 15분짜리이지만 핵심을 찾아서 듣고 넘어가게 된다. 그 핵심은 3~5분을 벗어나지 않는다.

"음…… 어…… 이것이 이래서…… 이렇게 하다 보면…… 어…… 그건…… 이때는…….» 이런 말만 빼도 영상의 퀄리티는 훨씬 올라가게 될 것인데, 본인만 모르는 것인지 알고도 그냥 넘어가는 것인지 안타깝다.

 자신의 강의를 동영상 찍어서 한번 들어 봐라. 그리고 주위의 리얼한 피드백을 요구해 봐라. 실명 아닌 익명으로 피드백을 받아 봐야 정확하다. 그런 피드백을 들으면 쓰리고 기분도 별로 안 좋고 그럴 것이다. 그러나 그런 내용을 바탕으로 자신의 삶에 반영한다면 그 사람은 반드시 발전하게 될 것이고, 머지않아 우수 강사 또는 우수 사원의 영역으로 들어가게 될 것이다.
 이렇게 자신을 냉정하게 돌아봐야 어떤 것이 문제점인지, 불필요한 군더더기가 얼마나 많은지 알게 될 것이다. 그리고 정말 강의에 필요해서 하는 잡담과 그냥 무맥락의 잡담인지 스스로가 알게 될 것이다.

 한 순간에 변화가 일어나지는 않는다. 그러나 지속적으로 생각하고 다듬다 보면 어느 순간 일목요연하고, 간단명료하게 이야기를 하고 있는 자신을 보게 될 것이다.

 유튜브 '쇼츠'를 보면 더욱 심해진다.
 30초~1분 안에 관심을 끌어야 함과 동시에 내용의 서론, 본론,

결론을 제시해야 한다. 정말 시대가 초스피드 시대로 변해 간다는 것이다.

이런 영상에 익숙해 있는 현대인들에게 10~20분짜리 영상은? 강의는 귀에 잘 안 들리고 참으로 지루한 것이 되는 것이다.

옛날 말이 되어 버렸지만 레전드 멘트가 하나 있다.

전화는 용건만 간단히.

전화 통화 요금이 비싸서 나온 말이기도 하지만, 상황적으로도 정말 맞는 말이라고 생각한다. 오히려 지금의 시대에 딱~!! 맞는 표현이라고 생각한다.

우선 용건만 간단히 말을 하고 나서 시간과 상황을 봐서 그다음 잡담스러운 이야기를 하는 것이다.

그렇다면 어떻게 해야 간단명료, 일목요연하게 말 또는 강의를 할 수 있을까?

쉽게 설명하기 위한 방법을 알려 주겠다.

쉬게 설명하는 것이 어렵거나, 주위에서 "무엇을 말하려고 하는지 모르겠다."라는 말을 자주 듣는다면 다음과 같이 따라해 보길 바란다. 스피치 학원, 웅변 학원을 굳이 갈 필요가 없게 만드는 방법이다.

학창시절 배웠던 육하원칙을 기억하는가?

누가(Who), 언제(When), 어디서(Where), 무엇을(What), 어떻게(How), 왜(Why). 5W1H.

누구나 알고 있을 것이다.

이야기가 장황해질 때 핵심을 중심으로 이야기하라고 있는 육하원칙이다.

이것도 물론 좋지만 여기에서 더 불필요한 것을 빼고 아래의 3가지만 알고 있어도 충분하다.

무엇을(What)? 왜(Why)? 어떻게(How)?

1. What?

: What? 당신이 하고 싶은 이야기가 무엇인가?

당신이 무엇을 하고 싶어 하는지 또는 무엇을 말하고자 하는지를 적어 봐라. 내용의 '정의'라는 단어로 축약할 수 있겠다. 말로 해 보든 적어 보든 중요한 것은 말로 해 보면 말하면서 정리가 될 것이고, 적는 것이 좋은 사람은 적다 보면 정리가 될 것이다.

최종의 목적은 무엇이 되었든 어떤 내용이 되었든 한 줄로 요약하는 것이다. 한 줄로 요약할 수 없다면 당신은 해당 내용을 완벽하게 이해하지 못한 것이라고 생각하면 될 것이다.

그래서 한 줄, 정말 내용이 많다면 두 줄로는 요약을 할 수 있는 단계가 되어야 해당 내용에 대한 숙지가 끝났고, 상대에게 이야기를 해도 되는 준비 상태가 된 것이라고 할 수 있겠다.

영업 사원들을 집중 코치할 때의 사례다. 처음에는 이 내용을 설명하는데 10줄은 필요하다고 이야기했던 영업 사원들이 지속적인 훈련을 통해서 7줄, 5줄, 3줄, 2줄, 1줄로 요약하는 자신을 보고 또 동영상으로 그 기록을 남겨 주니 훨씬 실감을 하면서 점차 설명하는 방식이 변해 가면서 실적도 덩달아 성장하는 경우를 어렵지 않게 볼 수 있었다.

간단명료가 우선이다. 그리고 나서 추가적인 설명이 필요하다면 그 다음 보충적인 설명이 들어가는 것이다.

우리는 설명문을 쓰는 것이 아니다. 일기를 쓰는 것이 아니다.

우리가 하는 말은 대게 논설문적인 성향을 띈다고 보면 될 것이다. 그 말은 핵심이 두괄식, 즉 핵심이 앞에 있어야 한다는 것이다. 핵심부터 이야기를 하고 뒤에 풀어서 설명하는 것이다. 핵심이 중간에 있거나 끝에 있어서는 안 된다는 말이다.

**What's this? 고객은 '이것이 무엇인가?'라고
당신에게 물을 것이다.
두 줄도 길다. 핵심은 한 줄로 대답을 하는 것이다.**

2. Why?

: 왜(Why) 나한테 그 이야기를 하는 건데? 나한테 어떤 도움이 되는 건데?

그것을 상대방에게 왜 설명하는지를 생각하라.

그냥 좋은 거예요. 좋은 것 싸게 파는 거예요. 너한테 좋으니깐, 도움이 되니깐, 너한테 도움이 될 것 같으니깐. 이렇게 대답을 하는 영업 사원들이 정말 많다. 이것은 절대 Why에 대한 대답이 아니다. 강매를 하는 것과 같다고 할 수 있겠다.

중요한 것은 왜 서로 귀한 시간을 내서 당신은 나에게 그것을 설명하고, 구입 또는 추천하는가? 이 내용에 대해서 한두 줄로 설명을 할 수 있어야 한다.

위의 What에서도 언급했듯이 무엇이든 길어서 좋을 것은 없다. 짧고 간단명료하게 설명을 할 수 있어야 한다. 그것이 되고 추가적인 설명이 필요할 때 그다음 조금 더 길게 설명하는 것이다.

물건을 파는 판매원이라면 왜 그 물건이 좋은지, 왜 당신에게 추천하는지에 대한 설명을 3줄로 할 수 있을 때까지 연습을 해야 한다.

냉장고를 예로 들어 보자.

최근 양문형 냉장고에서 4도어 냉장고로 진화하고 있는 트렌드다. 냉장고 판매 사원은 양문형 냉장고와 4도어 냉장고의 차이를 알고 왜 양문형 냉장고를 추천하는지, 반대로 왜 4도어 냉장고를 추천하는지 두세 가지로 요약해서 설명할 수 있어야 한다.

  이때의 설명은 전단지 같은 곳에 적혀 있는 내용이 되면 안 된다. 추천을 하는 것이지 내용 보고 읽는 것은 안 된다는 것이다.

몇 년 전 화제작 영화 〈곡성〉의 대사가 너무나도 와닿는다.

뭣이 중헌디
뭣이 중허냐고
뭣이 중헌지도 모름서

중요한 것이 무엇인지를 아는 것이 너무나도 중요하다 할 수 있겠다.

3. How?

What을 잘 설명을 했다면 Why를 만날 것이고, 이것 또한 잘 설명이 되었다면 그 다음 만날 질문은 How이다.

그래서 하고자 하는 설명을 했고, 왜 당신에게 중요하다고 설명을 했다면? 그래서? 뭘 어떻게 해야 하는가? 나보고 어떻게 하라는 것인가? 그래서? 어쩌라고? 어떻게 하라고?

공격적인 멘트로 들릴 수도 있겠지만, 그런 의미가 아니다.

당신의 말을 이해했고 필요성도 알았으니 그다음 뭘 하면 되는가 하는 질문이다.

행동 또는 운동을 통해서 해결될 내용은 행동 또는 운동으로 해야 될 것이고, 물건을 구입해서 해결될 일은 해당 물건을 구입해야 해결될 것이다. 바로 당신이 어떤 행동을 해야 하는지 구체적으로 설명을 하라는 것이다.

이 마지막 단계에서 우물쭈물 하는 사람들이 정말 많다. 마지막 마무리를 해야 끝이 나는데, 순간 멈칫멈칫 또는 아무 생각 없는 사람들이 많다.

예시 1.

What

이것은 ○○이라는 것입니다. 그런데 기존의 ○○은 문제점과 불편함이 이러이러해서 안 좋은 평이 많았는데, 가격은 그대로면서 그런 문제점과 불편함을 보완한 제품입니다.

Why

그래서 새로운 제품을 기존의 거래처보다는 당신과 사업을 같이 해 보고자 합니다.

How

기존의 거래처와는 조건이 A라고 한다면 이번에는 B라는 방식으로 보완해서 거래를 했으면 합니다.

그래서 저희가 제시하는 방법은 A, B 이렇게 두 가지 정도 될 것 같습니다. 결정하시면 되십니다.

예시 2.

병원에 가 보면 어렵지 않게 알 수 있다.

What

환자: 내 몸이 이렇고 저렇고 해서 안 좋아서 왔습니다.

의사: 이 증상은 이러이러한 것입니다. 그래서 이런 검사를 해 봐야 합니다.

Why

환자: 왜 검사를 해야 해요? 꼭 그 검사를 해야 하나요?

의사: 검사를 안 하면 어떻게 파생될지 변화할지 알 수가 없습니다. 그래서 검사를 해야 합니다.

How
환자: 어떻게 하면 되나요? 그리고 검사하고 난 뒤에는 어떻게 해야 하나요?
의사: 1번, 2번 검사할 거고요, 검사 끝난 뒤에는 식습관 조절하시고, 운동하시고, 약 챙겨 드세요.

병원의 진료 시간은 참으로 짧다. 그래도 짧은 대화 안에 핵심은 다 들어 있다. 대화가 길다고 내용이 풍부해지는 것도 아니다.

비즈니스 미팅이든 간단한 물품 판매든 이 틀을 거의 벗어나지 않는다. 이 세 가지를 말하기 위해서 또는 테이블에 앉기 위해서 회사의 인테리어 또는 골프, 관계 형성, 접대, 술자리 등이 필요한 것이다.
그렇게 노력해서 테이블에 앉았다면 설명을 못해서 실패하는 상황은 일어나서는 안 된다.

정리를 한다면 핵심은 간단하다. 장황하게 이야기할수록 핵심은 묻히게 된다. 그래서 이야기를 듣다 보면 "무엇이 핵심이지? 왜 이런 이야기를 하는 거지? 그래서 어떻게 하라고?" 하는 생각이 드는 것이다.

그래서 장황한 언어, 장황한 내용, 장황한 상황, 장황한 멘트들 속에서 열심히 말을 하는 사람을 다섯 글자로 줄인다면 '설명력 부족'인 것이다. What? Why? How?가 필요한 상황인 것이다.

1-4 분위기를 이끌어 가는 가장 효율적인 방법 — 질문

　질문을 준비해야 대화를 이끌어 나갈 수 있다. 질문을 준비하지 않으면 대화의 방향이 다른 곳으로 어느새 흘러가 버린다. 10가지 말보다 1가지 질문이 대화의 효율을 훨씬 끌어올린다.

　고객과 대화를 하다 보면 자기도 모르게 대화가 다른 방향으로 흘러가 버리는 상황을 많이 겪어 봤을 것이다. 그래서 미리미리 질문을 하면서 다른 곳으로 흘러가려는 상황을 막아야 고객과의 시간이 단순 채팅(잡담)으로 끝나지 않고 효율적인 미팅이 되는 것이다. 그러려면 미리 준비를 해야 한다는 것이다.

　다른 것을 준비하기 보다는 질문을 준비해라.
　고객과 대화를 하다가 갑자기 드라마를 이야기하게 된다면 그 말을 끊고 내가 하려는 말을 하면 고객은 기분이 나빠짐과 동시에 자신에게 물건을 팔기 위해 이 자리에 있다는 것을 눈치채 버리고 말 것이다.
　그래서 말을 끊기보다는 질문을 통해서 자연스럽게 대화의 분위기를 내가 잡아 가야 한다는 것이다. 고객과 관련된 일에 비유 또는 예시를 해서 질문을 한다면 고객 스스로 생각을 하게 될 것이다.

고객과 연예인 이야기를 하고 있는데 갑자기 "내가 핸드폰 가게를 하고 있는데~"라고 말을 떼 버리면 고객은 '뭐야? 결국엔 핸드폰 팔려고 나 만나자고 한 거야? 헐, 기분 나쁘네.'라고 생각을 하게 된다. 당연히 판매도 못 하게 되고, 향후에도 만날 수가 없게 된다.

고객과 골프 이야기를 하고 있는데 갑자기 "아~~!! 좋은 소식이 있는데요, 제가 보험 회사에서 이번 달 상을 받았거든요." 또는 "이번에 우리 회사에서 정말 좋은 보험이 나왔어요."라고 이야기를 하는 사람을 많이 만날 수 있다. 그러면 고객은 '뭐야? 결국엔 보험 이야기하려고 나 만난 거구나. 빨리 일어나자.'라고 생각하게 되고 당연히 판매도 못 하고 향후 그 고객을 만나기도 쉽지 않아진다.

내 목적을 대놓고 오픈(OPEN)시키는 것이 아니라 고객이 저절로 내가 팔고자 하는 상품에 관심을 가지게끔 하는 것이 최고의 전략과 전술이다. 그래서 질문이 필요한 것이다.
질문은 참 대단한 위력이 있는 것 같다. 내가 질문을 한다면 상대는 반드시 대답을 해야 한다는 압박을 받게 된다. 대답을 하면서 스스로 필요성을 느끼게 만들어 버리는 것이다.

이렇게 대화의 핵심으로 분위기를 서서히 몰고 가야 하는데 대화는 몇 번이고 다른 곳으로 샐 수 있는 수많은 기회가 있다. 이때를 당연히 있다고 생각하고 질문을 통해서 살살 몰아가야 한다는 것이다. 그냥 다짜고짜 '네 이야기 그만하고 나의 이야기를 들어.'라는 분위기로 간다면 상대는 마음의 문을 닫아 버리고 말 것이다.

　한번 닫힌 마음의 문은 쉽게 열리지 않으니 한 번에 잘해야 한다는 것이다.

　전 삼성 생명 챔피언이었던 예영숙 님의 이야기를 인용하자면 "고객은 언제나 떠날 준비를 한다."라는 것이다.
　언제나 떠날 준비를 하는 고객에게 떠나도 되는 여지나 빌미를 주어서는 안 된다는 것이다. 그래서 상대에 대해서 연구를 해야 효과적인 질문을 준비하게 되고, 상대 또한 그 질문에 흔쾌히 응하게 되는 것이다.

　사이토 다카시 교수의 《사이토 다카시의 질문의 힘》이라는 책을 추천한다. 책의 내용을 보면 질문을 던지는 원칙과 테크닉이 있으며 질문의 능력은 훈련을 통해서 성장이 가능하다고 이야기하고 있다. 수준 높은 질문으로 진지한 대답을 이끌어 내는 방법, 지혜로운 질문으로 필요한 정보를 얻는 방법 등 질문에 관한 다양한 내용이 있는 책이다.

　필자 역시 책을 읽고 많은 공감을 한 내용이다.
　실적이나 성과만을 생각하면서 고객과의 미팅을 준비하기보다는 고객의 마음속 본질에 다가가기 위한 준비를 하다 보면 어떤 것을 질문해야 할지 한결 알기가 쉬울 것이다.

1-5 승패는 테이블에 앉기 전에 결정 나 있다.

INPUT이 정확하면 OUTPUT 역시 정확하다.

고객과의 미팅의 승패는 테이블에 앉기 전에 이미 결정이 나 있다고 해도 과언이 아니다.

고객에 대해서 얼마나 분석했으며, 고객의 니즈를 얼마나 이해를 했으며, 그 니즈를 해결하고자 내미는 나의 솔루션이 얼마나 합당한지, 그 솔루션이 최상인지 스스로 알고 있을 것이다.

고객과 정확한 미팅을 했다면 정확한 니즈를 발견했을 것이고, 그 니즈가 정확하다면 정확한 해결책 또는 솔루션이 나올 것이고, 니즈와 해결책이 일맥상통하면 고객은 나의 해결책을 거절할 이유가 없을 것이고, 당연히 실행하는 계약을 하게 된다는 것이다.

반대로 예를 들어 보자.
고객이 원하는 것을 대충 생각해서 'A라는 것을 고객이 필요할 거야.'라고 생각했다면 시작부터 동상이몽이 되는 것이다. 내가 생각한 필요성에 고객이 맞추라는 식인 것이다. 그렇게 억지로 만들어진 니즈에 솔루션도 내가 제시하게 되는 것이다. 그 솔루션이 고객과 맞을 이유가 전혀 없을 것이고(물론 거절 못 해서 그냥 진행하는 사람도 있음), 당연히 거절할 이유가 나오는 것이고, 결국 실행은 물 건너가는 것이다.

그래서 처음부터 정확하게 정도의 방법으로 잘 진행했다면 결과를 제시하고, 상품을 제시하는 것을 망설일 필요가 없다. 당신의 고민을 해결하려면 돈을 쓰든, 물건을 구입하든, 상품에 가입하든 해야 그 고민은 비로소 Final을 맞게 되는 것이다.

그렇기 때문에 테이블에 앉기 전에 승패는 이미 결정되어 있다고 말하는 것이다.

1-6 실수는 잘못이 아니지만 한 번이다.
인정하고 고치는 것이 중요하다.

실수를 안 고치고 개선을 안 하니 항상 그 수준이다.

핵심부터 이야기하자면, 스스로가 본업에 있어서 PRO라고 생각한다면, 실수는 한 번이다. 두 번째부터는 고의이거나, 능력 부족이라고 할 수 있겠다.

한번 실수가 발생했다면, 앞으로는 같은 실수가 반복되지 않도록 재발 방지 대책을 철저히 세워야 하는 것이 중요하다. 그런데 이것을 대충 '뭐, 그럴 수도 있지~' 하고 치부해 넘어가는 것이 문제인 것이다. 그러면 결국 실수를 하는 곳에서 또 같은 실수를 하는 것이다.

운동선수, 프로 바둑 기사들을 보더라도 그날 경기가 끝나면 스스로, 혹은 코치들과 함께 반드시 복기라는 것을 한다. 이떤 부분에서 실수를 했고, 어떤 부분에서 잘했는지를 살펴보고, 문제점이 있으면 집중 보완하는 훈련을 해서, 다음 게임에서는 같은 실수를 반복하지 않으려고 무수히 노력하는 모습을 어렵지 않게 발견할 수 있다. 하지만 비즈니스의 프로라고 불리는 세일즈 직업들, 영업 사원들 중에 해당 미팅을 복기하고 문제점을 찾아서 스스로 고쳐 나가는 사람이 얼마나 될 것인가? 10%도 채 안 된다고 자신 있게 이야기할 수 있다.

세일즈 분야는 주변에서 이야기해 주는 것이 절대로 쉽지 않다.

그래서 실적을 잘 내면 그 영업 사원이 하는 방식이 최고인 것처럼 분위기가 만들어진다. 그렇지만 결국 한계를 맞게 되는 악순환이 반복되는 것이다. 누군가 진심 어린 이야기를 해 주는 사람이 있다면, 참으로 복 있는 사람이라고 말해 주고 싶다.

하지만 대부분 "달면 삼키고, 쓰면 뱉는다."라는 속담처럼 자신에게 달콤한 말을 해 주는 사람을 가까이 두려고 하고, 쓴 말을 하는 사람을 배척하는 경우를 많이 본다. 하지만 큰 인물이 되고 싶다면 그 반대로 해야 한다. 쓴 말을 하는 사람을 곁에 둘 줄 알아야 한다.

지금의 한 번의 실수로 인생 폭망하지는 않는다. 그리고 그 실수를 안 했다고 하더라도 벼락부자가 되지도 않는다. 하지만 확실한 것은 실수가 자의든 타의든 발생을 했다면 댐에 구멍이 생긴 것과 같고 유리창에 금이 가기 시작한 것과 같아서 결국 댐이 무너지거나, 유리창이 깨지게 되는 것이다.

'실수'를 인정하는 자의 모습은 초라하지 않다. 오히려 아름답다. '실수'를 인정하기 전까지의 마음이 복잡하고, 초라할 것이라는 두려움에 사로잡히는 것이다. 막상 '실수'를 인정하면 맘이 후련하다. 아니라고 자신을 속이려는 것이 자신을 더 힘들게 한다. 스스로 실수를 인정하고 이를 오답 노트 삼아 지속해서 자신을 피드백함으로써, 남들과 다른 성장을 이루어 낼 것임이 틀림없다. 본인의 실수와 실력을 인정하라. 초기에 빨리 고칠수록 빠른 성공을 맛볼 것이다.

다시 한번 강조한다면, '실수는 한 번이다.'

1-7 가장 치명적인 실수는 듣지 않는 것.

문제) 휴대폰 매장에 누군가 한 명이 들어왔다. 왜 들어왔을까? 영업 사원의 적절한 행동은?

① '휴대폰 사려고 왔겠지'라고 생각한다면?
이 휴대폰이 최신이고, 이 휴대폰이 행사해서 가격이 저렴합니다. 이러쿵저러쿵….

② '구경하려고 왔겠지'라고 생각한다면?
천천히 둘러보세요. (그새를 못 참고 1분 뒤) 이 휴대폰이 최신이고, 이 휴대폰이 행사해서 가격이 저렴합니다. 이러쿵저러쿵….

③ '금액 비교해 보려고 왔겠지'라고 생각한나면?
우리 매장의 핸드폰 지원은 최고이고, 이 휴대폰이 최신이고, 이 휴대폰이 행사해서 가격이 저렴합니다. 이러쿵저러쿵….

④ 기타 등등
뭐 필요한 거 있으세요? 또는 무관심. 그러면 그냥 고객이 알아서 나감.

무엇이 정답일까?
①번? ②번? ③번? ④번?

모두 틀렸다. 정답을 찾으려고 하는 것 자체가 잘못되었다.

그냥 물어봐라.
"무슨 일로 오셨나요?" 또는 "무엇을 도와드릴까요?"
고객은 질문을 들었으니 답을 해야 할 것이다.
"그냥 구경이요.", "부모님 핸드폰 보러 왔어요.", "제 거 기기변경이요.", "자녀들 핸드폰 사 주려고요." 등의 이야기를 들을 수 있을 것이다. 그러면 그 내용을 듣고서야 그 다음의 행동을 이어 가는 것이다.

"부모님 사 드릴 거예요." VS "자녀들 사 줄 거예요."
이 두 상담은 전혀 다르다. 그런데 그런 핵심 내용을 듣지 않고 그냥 열심히 이야기만 한다면?

비즈니스 현장에서의 가장 큰 실수는 '듣지 않는 것'이다.

상대 이야기보다 자기 말만 한다. 앞에서도 이야기했다. 계약 성사든 핵심 미팅이든 KEY는 고객 또는 상대방이 가지고 있다. 그 말은 상대방의 이야기를 들어야 KEY를 찾을 수 있다는 것이다. 나의 말을 줄이고, 상대가 경계를 풀고, 편하게 자신의 이야기를 많이 하게끔 하는 것이 핵심이라고 말하는 것이다. 그래서 때로는 골프 라운드를 돌면서 상대와 가까워지려고 하거나, 가벼운 음주를 통해서 친밀감을 높이려는 노력을 하는 것이다.

비즈니스에서의 프로는 말을 많이 하는 사람이 아니라, 상대가 실컷 이야기하게 만드는 사람이다. 국내외 유명한 진행자들을 보면 절대 본인이 말을 많이 하는 경우가 없다. 누가 잘하는 진행자 또는 MC일까? 초대 게스트를 해당 무대, 해당 방송에서 춤추게 만들고, 무장 해제 시키는 사람이 최고라고 불리는 사람들이다. 게스트의 마음을 편하게 해 주어 원하는 내용들을 무리 없이 이끌어 내는 기술을 가진 사람들이 최고의 MC가 아닐까 생각한다.

이 기술들을 적극적으로 배울 필요가 있다고 생각한다. 이들의 기술은 복잡한 것이 아니다. 잘 듣고, 적절한 리액션과, 상대의 말을 자르지 않으면서 함께 교감하고 함께 소통하고 한 몸이라는 생각이 들세끔 모든 것을 연출하는 사람들이다.

최고의 MC하면 다들 오프라 윈프리를 떠올릴 것이다. 하지만 오프라 윈프리같이 굳이 해외에서 찾을 필요가 없다.

얼마 전 고인이 되신 고(故) 송해 선생님의 '전국노래자랑'만 봐도 알 수 있다. 대부분의 출연진들이 아마추어여서 무대 경험이 거의 없기에 엄청난 긴장감 속에서 자기 순서를 기다리고, 무대에 올라가게 된다. 이때 송해 선생님은 출연자를 편안한 톤으로, 편안하고 밝은 얼굴로 맞이하는 것을 볼 수 있다. 때로는 형처럼, 오빠처럼, 삼촌처럼, 아버지처럼, 할아버지처럼 다양하게 자신을 변화시키는 연출을 하는 것을 어렵지 않게 볼 수 있다. 그래서 초긴장 상태의 아마추어들이 편안하게 자신의 기량이나 끼를 발산할 수 있게 만들어 주기에 최고의 MC라고 이야기하는 것이다.

이처럼 프로라고 불리는 사람들은 상대를 어떻게 공략해서 어떤 방식으로 무장 해제를 시킬지를 잘 알고 있다. 그러나 많은 아마추어들이 상대는 안중에도 없고, 소통하려는 마음도 없고, 게다가 상대의 이야기를 끊으면서까지 자신의 이야기를 하고 있다는 것이다. 비즈니스는 소통이다. 그냥 혼자만 열심히 떠들어 대는 "Just Talk~!!"가 아니라 커뮤니케이션(Communication)이라는 것이다.

당신은 프로가 되고 싶은가?
적당히 프로 흉내를 내는 아마추어가 되고 싶은가?

프로와 아마추어를 구분 짓기가 어렵다고? 자신의 일에 생업이 걸려 있으면 프로이고, 잘해도 그만, 못해도 생업에 많은 영향을 안 미치는 일이라면 아마추어인 것이다.

골프를 좋아해서 용품을 많이 알고 있는 사람과 골프 용품 숍을 운영하는 사람은 다른 것이다. 배드민턴을 좋아해서 용품의 특성을 잘 알고 있는 사람과 배드민턴 숍을 운영하는 사람은 아예 다른 것이다.

세일즈를 하는 사람은 자신이 하는 일에 생업이 걸려 있다. 그러면 자신은 프로가 되어야 한다. 식당을 하는 사람은 자신이 운영하는 식당에 생업이 걸려 있기에 프로처럼 생각하고 프로가 되어야 한다. 우리는 자신의 삶에 아마추어처럼 생각하고 사는 게 아니라, 프로처럼 생각하고 살아가야 한다고 이야기하는 것이다.

물론 듣기만 하는 것은 재미가 없다. 나도 재미가 없고, 상대도 금방 한계를 느낀다. 입이 아프기 때문이다. 그래서 일방적으로 들어라, 일방적으로 말하라는 것이 아니라 상대와 소통하고 교감하라는 것이다. 문제는 항상 일방통행에서 일어난다. 프로처럼 들어야 하는데, 아마추어처럼 이야기해 버리는 치명적인 실수처럼 말이다.

1-8 자신의 실수를 스스로 찾아내라.

식당을 운영하는 사장님이 손님으로부터 컴플레인을 들었든, 무탈하게 하루를 보냈든 반드시 '복기'라는 것을 해야 한다. 세일즈를 하는 사람은 그날 행동과 실적 등 모든 부분에서 '복기'를 해야 한다. 일기를 쓰는 것도 좋은 습관이 될 수 있겠다.

그런데 대부분의 사람들이 복기를 안 한다. 그러면 안 된다. 복기를 해야 한다. 복기를 하면서 스스로를 돌아보고, 스스로 문제점을 찾아내고 반성하면서 하루하루 개선해 나가는 것이다. 그러면서 문제점들을 내가 찾으면 감당할 수 있는 상처이지만, 상대가 지적하면 너무나 쓰라리다. 실수 또는 부족한 부분을 스스로 찾아라. 남이 이야기하면 감정도 상하고, 기분도 나쁘고, 때론 고치고 싶다가도 그 마음이 쏙 들어가 버리는 경우를 많이 경험했을 것이다. 본인이 스스로 찾아서 고칠 때 어느 때보다도 빨리 변화를 맞이할 수 있다. 스스로 반드시 해야 한다.

하지만 아무리 생각해 봐도 실수한 부분이나, 잘못된 부분 또는 잘한 부분을 모르겠다면 주변에 솔직히 말해 줄 수 있는 주변의 지인들 또는 전문가를 찾아가서 물어봐라. 나 빼고 나에 대한 문제점을 너무나도 당연하게 모두 알고 있다는 사실을 발견하게 될 것이다. 대부분의 행동은 프로가 아니더라도, 눈이나 입은 프로인 사람이 많기에 주변에 진실되게 물어보라는 것이다.

누구나 완벽한 사람은 없다. 그리고 비즈니스의 성공은 완벽하다고 해서 100% 잘된다는 보장 역시 없다. 하지만 실수를 보완해서 완벽해진다면 성공의 확률은 분명히 올라갈 것이다.

바둑을 좋아하는 사람들 중 대부분은 바둑 후에 복기를 한다고 한다. 다른 스포츠들도 같다. 그래야 문제점을 찾아내고, 잘한 부분은 지켜 가고, 부족한 부분은 개선할 수 있으니.

세일즈를 하는 사람이라면 그날 미팅들을 반드시 복기를 해야 한다. 복기가 안 되면 실력은 절대 늘지 않는다. 상대와의 대화를 녹음하고 분석해 보는 것도 추천이다. 그렇게 녹음한 것을 들어 보면 '아~ 이때는 이렇게 할 걸, 이 상황에서는 이런 말을 하면 좋았을 텐데, 이 말은 하지 말 걸, 좀 더 쉽게 이야기할 걸, 이때는 이런 예시를 들어 볼 걸, 내가 말을 너무 많이 했네, 이때는 싱대빙 말을 잘랐네, 이때는 이런 자료를 준비할 걸.' 걸, 걸, 걸 하는 수많은 생각이 들 것이다. 이것을 알고 고치려고 노력한다면, 비즈니스는 반드시 성공한다고 자신한다.

실제로, 자신의 실수를 찾아내는 것만큼 자신의 성장을 앞당기는 것은 없다. 실패란 성공을 이루기 위한 필수 조건이다. 성공을 거둔 사람들에게 '얼마나 많은 실패를 경험했느냐'라고 묻는다면, 아마추어들이 100번 실수 또는 실패할 때, 프로들은 1,000번, 10,000번 실수 또는 실패했다고 이야기할 것이다. 이 실패의 차이가 아마추어와 프로를 구분 짓게 될 것이다. 그러므로 진정한 성공을 이루고 자신의 성장을 이루고 싶다면 실패를 두려워하지 말고, 그런 실패 또는 실수가 없어질 때까지 스스로 찾아내어 그것을 인정하고, 피드백(Feedback) 받고, 바로잡는 것이 중요하다 볼 수 있다.

'실패는 성공의 어머니'라는 말을 익히 들어서 알고 있을 것이다. 반대로, '교만은 넘어짐의 앞잡이'라고 이야기하고 싶다.

'복기'를 안 하는 교만의 삶은 결국 넘어지게 되는 것이다.

1-9 '탓, 탓, 탓' — 모든 것은 '나'로부터

하는 일에 원하지 않는 상황이 벌어졌거나, 어디선가 불편한 상황이 발생한다면?

더 극단적으로 골프를 칠 때는 100가지 이상의 '변명과 핑계와 탓'이 있다고 한다. 대부분의 사람들이 상황 탓, 상대(고객) 탓만 한다. 탓, 탓, 탓만 한다.

모든 것은 내 탓이다.
잘되는 것도 본인 탓, 안되는 것도 본인 탓.

대부분의 비즈니스, 세일즈맨, 영업 사원들을 코치하다 보면 정말 많이 듣는 이야기가 있다.

왜 내 말을 이해를 못 할까?
왜 설명해 줘도 필요성을 못 느낄까?
왜 관심이 없을까?
왜 나를 싫어할까?
왜 계약을 안 할까?
고객이 못 알아들어서, 고객이 이해를 못 해서, 고객이 이래서, 고객이 저래서…. 이런 불평과 고객에게 탓을 하는 이야기들을 정말 많이 들을 수 있다.

정말 냉정하게 입장 바꿔 생각해 보자. 과연 고객이 문제일까?

절대 고객에게 초점을 맞춰서는 문제 해결도 안 되고, 자신에게 그 어떤 발전도 없다는 것을 빨리 인지하길 바란다. 반대로 모든 초점을 자신에게 맞추어야 한다. '잘되어도 자기 탓', '안되어도 자기 탓'인 것이다.

코치해 준 실제 사례를 가져오자면, 대부분 이렇게 이야기한다.

"상대가 말귀를 못 알아먹어서 거래가 안 되었어."
"고객이 관심이 없어서 계약이 안 되었어."
"고객이 시간이 없다고 해서 오늘 계약을 못 했어."

대부분 "고객이 이래서, 고객이 저래서, 고객이 이러쿵저러쿵해서, 결론은 실적을 못 냈어."라고 한다. 정말 변명을 하기 바쁘다. 사실 근본적인 잘못은 자기에게 있는데 말이다.

"상대가 말귀를 못 알아먹어서 거래가 안 되었어."
→ 설명을 쉽게 못 한 내 잘못이다.

"고객이 관심이 없어서 계약이 안 되었어."
→ 애초에 관심 없는 사람에게 왜 접근을 해서 에너지와 시간을

낭비했는가?

"고객이 시간이 없다고 해서 오늘 계약을 못 했어."
→ 왜 충분한 시간을 확보하지 못한 상태에서 계약을 들이밀었는가?
→ 추가로 과연 시간이 없어서 계약을 못 했을까? 더는 안 들어도 되겠다고 판단을 했으니 시간을 핑계로 일어나는 것이 대부분이다.

"오늘 동반자의 구찌[1]가 심해서 스코어가 안 나왔어."
→ 멘탈 관리 못 한 본인 탓이다.
→ 왜 그 구찌에 말려들어 가는가?
→ 그 구찌가 없었어도 너의 실력은 그 스코어다.

"오늘 바람이 많이 불어서 스코어가 안 나왔어."
→ 바람 계산을 못 한 본인 탓이다.
→ 바람까지 생각해서 클럽 선택 할 줄 모르는 본인 탓이다.

이렇게 탓, 탓, 탓하면 끝이 없다.

중요한 것을 이야기하자면, 거래가 잘 성사된 것도 본인이 잘한

---

1 골프에서 쓰는 은어로, 라운딩 중에 상대편의 집중력을 흩뜨리기 위해 하는 언행을 뜻한다.

탓이고, 거래가 잘 안된 것도 본인이 잘 못한 탓이다. 변명의 여지가 없다. 잘 성사된 것은 왜 잘 되었는지 분석하고 장점으로 만들고, 잘 안되었다면 무엇이 문제인지를 분석하고 보완해 나가는 것이 중요하다.

 인생은 단거리가 아니기에, 한 건의 거래에 일희일비할 필요는 없다. 그러나 Good & Bad 모두 자기로부터 일어나는 것을 인식하기를 바란다.

Good도 '나로부터', Bad도 '나로부터'.

Part 2.
심화편
─ 실력 & 시간 & 성장의 상관관계

비즈니스는 혼자 하는 것이 아닌 상대와 함께 하는 것이기에, 나만 준비가 되었다고 되는 것이 아니다. 상대의 흐름을 알고 상대와 발을 맞추어 갈 수 있어야 하는 것이다. 상대가 빨리 나간다면 나도 빨리 움직일 줄 알아야 하는 것이고, 반대로 상대가 조금 느리다면 나도 그에 맞게 템포를 늦출 줄 알아야 하는 것이다.

그리고 서로 안면이 있는 관계일 수도 있지만 거의 대부분이 초면인 상황이 많다. 그렇다면 초면인 사람들과 비즈니스를 할 때는 어떤 단계를 거치게 되는 것일까? 어떤 행동을 해야 확률적으로 좋은 결과를 가져올지, 어떤 고민과 프로세스를 거쳐서 사인(Sign)까지 가게 되는지를 설명하고자 한다.

그리고 각 단계에서는 어떤 내용들이 있으며, 무엇이 핵심인지에 대해서 기술할 것이고, 더불어 각 단계에서의 실질적인 행동 지침과 주의할 점은 무엇인지 구체적으로 기술해 보겠다.

2-1 비즈니스의 생명은 소통이다.
혼자 떠들지 마라.

No(One Way~!) 일방통행은 안 된다.
Yes(Two Way~!) 상호 소통이다.

상대에게 관심을 가져라.

  비즈니스는 기계를 다루는 것처럼 일방통행이 아니다. 쌍방 통행이다. 그래서 비즈니스가 힘들다고 하는 것일 수도 있다. 나 혼자만 하고 싶은 대로 행동하고 생각하고 이야기하는 것이 아니기에 대화와 소통이 중요하다. 그렇기에 출발점은 먼저 내 말을 듣는 상대방을 온전히 이해하고, 상대와 교감하려는 노력이 되어야 한다. 상대방에 대한 정보, 취미, 관심사, 학력, 나이, 고향, 직위 등을 고려하면서 동시에 해당 비즈니스에서 어느 정도의 지식의 운동장을 가졌는지부터 파악해야 한다. 상대방에 대한 정보도 부족하고, 상대의 지식수준도 모르고, 아무것도 모른다면 어떻게 비즈니스적인 대화를 이어 나가겠는가?

  너무나 당연할 말 같지만, 실제 회사 내부나 영업 담당자들이 상대방의 배경지식을 전혀 고려하지 않고 대화하는 경우를 상당히 많이 목격하였다. 상대방의 배경지식이 충분하다면 이것이 아무런 문제가 되지 않겠지만, 본인 스스로 대화하는 상대가 신입이거나 회사의 서비스를 제대로 모르는 고객 혹은 시장 상황을 전혀 모르는 타국적을 지닌 외국인이면 의식적으로 상대방의 배경지식이 얕다는 것을 반드시 인지하는 것이 커뮤니케이션의 출발점으로 볼 수 있다.

또 다른 예로, 골프를 많이 치는 두 명이 있었다.

정말 골프를 좋아하고 잘 쳐서 필드에 살다시피 하는 A대표와, 필드는 많이 나가지만 영업 때문에 필드를 가는 것일 뿐 정작 자신은 그렇게 골프를 좋아하지 않는다고 하는 B대표가 있었다. 대부분의 영업 사원들은 A, B대표 모두에게 "골프 좋아하시네요~"라고 접근을 할 것이며, 골프 이야기를 엄청 풀어놓을 것이다. 상대방에 대해 정보와 관심이 부족하면 일어나는 상황이다.

필자는 그런 정보를 알고 B대표를 만났고, 골프 이야기는 많이 하지 않고, 억지로 필드에 나가는 것도 쉽지 않음을 알아주니, B대표는 자신의 마음을 알아줘서 너무 고마워했다. 그리고 '오는 사람들 전부 왜 하나같이 골프 이야기만 하는지 모르겠네, 나는 골프를 별로 안 좋아해서 이제는 골프 이야기도 듣기 싫다.'라며 나에게 속 이야기를 한 적이 있었다.

이처럼 상대방과의 소통에서 일방통행을 하지 말고, 서로가 함께 하는 대화와 소통이 매우 중요하다. 더 나아가 상대의 고민은 무엇인지, 어떤 것에 관심 있어 하는지 주변인들 또는 소개자에게 들어서 파악하고, 그것에 대해 이야기하기 위해 주변을 편안하게 만들어야 한다. 이런 행동을 하라고 하는 이유는 상대방, 즉 고객에게 집중하고 관심을 두라는 뜻이다. 앞의 이야기에서도 맥락을 같이하는 내용이다.

KEY는 고객이 가지고 있다. 그러니 내 이야기만 주구장창 해서는 절대로 상대방이 쥐고 있는 KEY를 알 길이 없다. 미련하기 짝이 없는 대화를 하고 있는 것이다. 절대적으로 상대방의 입을 열어야 한다. 단순한 이야기가 아닌 KEY를 내놓는 대화를 하게끔 만들어야 하는 것이 비즈니스 소통의 핵심이다.

내가 10년 동안 혼자서 말을 한다면, 상대의 마음을 열고 결실로 가게 하는 KEY는 10년 동안 볼 수 없을 것이다. 이것을 깨닫게 된다면 지금 이 순간부터 당신의 인생은 달라질 것이다.

같은 말이라도 예쁘게 하자.

또한 커뮤니케이션 과정에서 '예의'를 갖추자. 같은 말이라도 예쁘게, 무례하지 않게, 상대의 기분을 나쁘지 않게 이야기하는 사람이 있는 반면, 꼭 듣기에 기분 나쁘게 이야기를 하는 사람이 있다. 하는 말은 전부 다 맞고 알겠는데, 뭔지 모르게 그렇게 행동하고 싶지 않다든지, 뭔지 모르게 기분이 나쁘게 느껴지는 사람들이 있다.

비즈니스에서의 소통은 목적이 있는 경우가 대부분인데 사람은 감정적 동물인지라 이성적으로 옳더라도 기분이 나쁘면 목적을 달성하기 어려워진다.

상대방의 감정을 고려하지 못하고 예의를 갖추지 못한 무례한 사람이 가끔 자신을 '원래 나는 직설적으로 말하는 성격'이라며 포장하는 사람들이 있다. 직설적으로 이야기하더라도 얼마든지 예의를 갖추고 상대방의 감정을 존중하며 이야기할 수는 있다. 적절한 상황에서 상대방을 존중하여 '예의'를 갖추어 말한다면 상대방이 내가 말하고자 하는 바에 더욱 집중하여 적극 반영해 줄 가능성이 크다.

하지만 또 기억해야 할 것은, 이렇게 예쁘게만 말을 하는 사람들은 반대의 이미지도 생길 수 있다는 것이다. '모든 사람에게 좋은 말을 하는 사람은, 아무에게도 좋은 말을 하는 것이 아니다.'라는 것이다. '모두에게 좋은 사람은 누구에게도 좋은 사람이 아닙니다.'라는 말처럼.

그래서 자신은 자꾸 속이고, 자신의 모습을 감추고, 가식과 형식으로 자신을 덮어 버리며 좋은 사람, 괜찮은 사람처럼 자신을 만들고 포장하는 것보다, 자신의 마음밭을 옥토밭으로 갈고 또 갈아서 좋은 열매가 나는 밭으로 만들어 버리는 것이 훨씬 이로울 것이다.

끝으로 상대와 소통의 어려움을 호소하는 사람들에게 필자가 자주 해 주는 말이 있다.

역지사지(易地思之)

상대와 잘 소통하고 싶다면 상대의 입장이 되어 보고 상대의 마음속에 들어가 보는 '역지사지'의 자세를 갖추는 것이 많은 도움이 될 것이다.

대부분 자신의 입장에서 먼저 이야기하기에 상대의 마음과 입장을 받아들일 준비도 안 되어 있고, 여유도 없는 것이다. 그래서 항상 '역지사지'의 생각을 가지고 커뮤니케이션에 임한다면 대화의 분위기는 훨씬 달라지게 될 것이다.

2-2 형식적인 것은 오래가지 못한다.
— '막'하지 마라

비즈니스의 기본은 결국 물건을 파는 일, 영업이다. 기계가 하는 업무가 아니고 사람 대 사람이 하기 때문에, 형식적이고 가식적인 행동으로 맺어지는 비즈니스는 오래가지 못한다. 자기 자신을 속이지 말고, 자신을 전혀 다른 모습으로 포장하거나, 형식적이고 가식적인 사람이 되지 말라는 뜻이다.

한 예로, 잘나가는 보험 회사 영업 사원이 고객 관리의 노하우(Know-How)로 고객 생일이 되면 감사의 의미로 케이크를 보내거나, 편지를 쓰거나, 꽃을 보내는 등의 다양한 이벤트를 생각한다고 하면서 자신의 무용담을 열심히 강의하기에, 필자는 질문을 했다.

Q: "왜 그렇게 하십니까?"
A: **"고객이 감사해서요."**
Q: "그러면 부모님의 생일에는 무엇을 해 드리나요?"

그러니 돌아온 대답은 예상한 대로였다.

A: "요즘에 **바빠서 생신 때 찾아뵙지 못했습니다.**"

더 이상 그 강의는 들을 필요가 없는 것이다.

돈을 벌게 해 준 고객이 중요한가? 자신을 그 자리에 있게 해 준 부모님이 중요한가? 자신의 성장에 있어서 가장 감사해야 할 대상은 부모님인데, 그런 핵심은 놔둔 채 계약해 준 고객이 감사해서 각종 이벤트를 구상한다? 이것이 형식적이고 가식적이라는 것이다. 이런 가식은 본질적으로 마음에서 우러나는 것이 아니기에 절대 오래가지 못한다.

진심 어린 마음이 통하는 것이 비즈니스의 세계라고 할 수 있겠다.

두 번째로, '막' 해서는 안 된다.

이것이 어떤 말인지 골프를 예로 들어 보면, 누구나 처음부터 멋진 자세로 멋진 샷을 만들 수 없다. 골프를 처음 입문할 때부터 자신의 수준에 맞게 단계별로 지도자와 함께 배우고, 반복해서 시행착오를 거치며 자신의 것으로 만들면서 단계를 올려 가게 되고, 그렇게 몸에 익혀야 실전에서 배운 자세와 배운 샷을 써먹을 수 있다. 하지만 그렇게 배우고 단계를 올려도 실전에서 원하는 결과를 보기에는 참으로 수많은 시행착오와 우여곡절을 겪어야 하는 것이다. TV에서 볼 수 있는 프로 골프가 그냥 뚝딱 만들어지는 것이 아님을 누구나 알고 있다.

하지만 현장에서는 제대로 배우지도 않고 아무런 준비도 없이 실전에 투입되는 골퍼들이 너무나 많다. 기본적인 룰도 모르고, 매너도 모른 채 필드에 나오는 골퍼들이 많다. 거기에 기초적인 레슨조차 받지 않고 필드에 나가게 되니 그야말로 '막 골프'가 시작되는 것이다. 막 지식에, 막 자세에, 막 샷을 하니, 막 결과가 나오는 것이다. 그날의 점수와 라운드가 어떤 형태로 펼쳐질지 예측이 안 되는 것이다. 그러니 온탕 냉탕을 하게 되고, 어제 잘 쳐도 내일 '폭망'하게 되는 것이다. 이렇게 아무리 10년, 20년 골프를 쳐 봐도 80대와 100대를 왔다 갔다 하는 막 골프의 인생이 펼쳐지는 것이다.

또 다른 예로, 요리할 때 어떤 요리를 할지 생각을 정확히 하지도 않고 그냥 요리부터 시작을 해 버리니, 어떤 요리가 되는지도 모르고, 어떤 재료가 들어가는지도 모르고, 내 마음대로 재료를 가져다가 넣어 놓고 만들다 보면, 전혀 상상하지 못하는 요리가 되는 것이다. 그냥 대충 재료 넣고 대충 물을 넣고 대충 끓여서 먹으면 먹기 힘든 음식이 될 것이다. 말 그대로 대충 만든 음식이 되는 것이다. 누구한테 팔 수도 없는 음식이다. 그렇기에 내가 하고자 하는 요리가 무엇이고, 어떻게 조리를 해야 하는지를 연구해야 하고, 이에 필요한 재료를 찾고 여러 번의 실패와 경험을 통해서 원하는 음식 맛이 나오는 것이다. 그래서 맛집에 사람들이 몰리게 되고, 대충 음식을 만들어 파는 집에는 한 번은 가더라도 더 이상은 사람들이 가지 않는 것이다.

'막' 하지 말고 체계를 잡아서 해야 된다는 이야기와 더불어 여기에서 보다 중요한 내용은, 본인이 무엇을 하는지, 잘한다면 또는 잘

판다면 왜 잘하고, 왜 잘 팔리는지를 아는 것이 중요하다. 반대로 무엇을 잘 못한다면 또는 안 팔린다면 왜 못하고 왜 안 팔리는지를 아는 것은 더욱 중요하다고 할 수 있겠다.

공부를 잘한다면 왜 잘하게 되었고, 시험에서 함정 문제는 어떻게 해서 함정에 빠지지 않았는지, 반대로 공부를 못한다면 왜 공부를 못하고 그 문제는 왜 틀렸는지, 왜 함정에 빠지게 되었는지 아는 것이 더욱 중요하다. Good과 Bad를 떠나서 "WHY?"를 할 수 있어야 하고, 그것이 무엇보다 중요하다고 할 수 있겠다.

회사가 잘나가는 것에는 반드시 이유가 있다. 본인의 회사가 어떤 장점으로, 어떤 이유로 잘나가는지를 알아야 함은 지극히 당연한 것이다. 반대로 회사가 못 나가는 것에도 반드시 이유가 있다. 본인의 회사가 어떤 문제점과 단점으로 못 나가는지를 알아야 함 역시 지극히 당연한 것이다.

최소한의 장점과 단점, 잘하는 부분과 못하는 부분 등 기본이라 할 수 있는 것을 모르고, 막 영업하고, 막 연락하고, 막 물건 팔고, 막 다니고 있기에 에너지도 막 소비가 되어 방전이 금방 되어 버리는 것이다. 그에 따른 결과도 막 나오게 되니 좋은 결과도 왜 좋은 결과가 나왔는지 모르고 막 좋은 결과가 나오고, 나쁜 결과 역시 막 나오게 되고 왜 나쁜 결과가 나왔는지 알 길이 없다.

자신의 장점이 잘 먹혀서 좋은 결과가 있었는지, 단점을 최대한 보완해서 좋은 결과가 있었는지 알아야 한다. 비즈니스에서의 결과는 장점만 가지고 100% 된다고 할 수 없다. 때로는 장점이 영향을 미쳐서 계약이 되었겠지만, 때로는 단점이 많이 커버(Cover)되어서 계약이 성사되기도 한다.

알아 두어야 한다. 비즈니스는 평균 점수 올리기가 아니다. 장점은 최대한 살리고, 단점은 보완 또는 잘 안 보이게 가려야 하는데 어떤 부분이 장점인지 모르고, 어떤 부분이 단점인지 모르니 못 하는 것이고, 곧 성장에 한계가 오는 것이다. 그래서 장점도 단점도 모른 채, 자신의 스타일도 모른 채 막 영업과 비즈니스를 하다 보니 한계를 맞게 되고, 실적 또는 결과도 안 나오게 되고, 그런 상황이 지속되면 힘이 빠지고 더 이상 일을 할 수가 없는 것이다.

결과적으로 막 비즈니스를 하니 막 인생이 펼쳐지게 되는 것이다. 그러니 수입도 막 들어오니 저축이나 소비는 체계적으로 할 수도 없고, 그냥 되는대로, 돈 들어오는 대로 살아가게 되는 것이다.

'막' 해 버리기

'막' 안 하기

'막' 먹기

'막' 놀기

'막' 해 보기

'막' 질러 보기

'막' 생활하기

이런 '막'이 모여서 자신을 형성하게 되는 것이다. 그래서 체계가 필요한 것이다.

그렇다면 이런 상황에 놓이지 않기 위해서 체계는 어떻게 잡아야 하는지, 고객에게 어떻게 접근해서 어떠한 과정을 거쳐서 긍정적인 실적이라는 결과로 마무리하는지 3장과 4장에 적어 놓았다. 단순한 내용 서술이 아니라, 구체적인 행동 지침을 기술해 놓았다.

2-3 실력은 몇 년 했냐가 아니라 몇 시간 했냐가 중요하다.

새로운 분야든 취미의 영역이든 만나는 사람들이 있다.
"몇 년 했어?", "언제부터 하셨어요?"라고 묻는 사람들을 어렵지 않게 만날 수 있다. 그런데 이것은 핵심을 보는 관점이 잘못된 경우이다.

중요한 것은 몇 년이 아니라 몇 시간을 투자 했느냐다.

오래 했다고 잘한다고 정비례가 되는 것은 아니다. 그런데 많은 사람들이 착각하는 것이다.

예술 분야든 체육 분야든, 취미 활동이 되었든 적용되는 방식은 동일하다.
가령 다음 예시처럼 두 명이 있다고 하자. 생각해 보길 바란다. 둘 중에 누가 더 해당 파트를 잘하겠는가?
A: 2010년~2020년 10년 동안 1주일에 1시간씩 투자
B: 2015년~2020년 5년 동안 1주일에 2시간씩 투자

필자는 장담할 수 있다. 2020년 동일 시점에 A보다는 B가 훨씬 잘할 것이라고.

더 극단적으로 보자.

A: 2010년~2020년 10년 동안 1주일에 1시간씩 투자

B: 2017년~2020년 3년 동안 1주일에 3~4시간씩 투자

단연 B가 A보다는 잘할 것이다.

A는 생각할 것이다. 왜 내가 B보다 오래되었는데 B는 왜 이렇게 잘하지? 자신보다 잘하고 점점 더 그 격차가 벌어지는 그런 현실을 인정할 수밖에 없긴 하겠지만, 실제로는 인정하기 싫을 것이다. 그래서 합리화를 하기 위해서 온갖 이유를 찾을 것이다. 나보다 어려서, 체력이 좋아서, 집안의 유전자가 좋아서, 돈을 많이 써서, 좋은 레슨을 받아서 등등 물론 이 모든 것이 영향이 아주 없는 것은 아니겠지만 절대적인 것은 아니라고 이야기하고 싶다.

그런데 꼭 이렇게 생각할 필요가 없다고 말하고 싶다.

상대가 당신보다 실력이 좋거나 실적이 좋다면 이유는 아주 간단하다.

당신보다 시간을 많이 투자해서 잘되는 것이다.

스포츠를 예로 들어 보면, 나보다 잘하는 저 친구는 왜 나보다 잘할까? 정답은 간단하다. 나보다 시간을 많이 투자해서 그렇다.

같은 나이 30명이 중학교 1학년에 같이 입학해서 3학년까지 마

친다면 시간은 동일하게 3년이 흘렀겠지만 등수는 1등부터 30등까지 나눠지게 된다.

1등과 30등은 어떤 차이일까? 왜 그런 차이가 날까? 1등이 머리가 좋아서? 10등이 머리가 나빠서?

아니다. 단연코 아니다.

정답은 의외로 쉽다. 인정하기가 싫을 뿐이다.

당신보다 시간을 많이 투자해서 그런 것이다.

어떤 일을 할 때 10,000시간의 법칙을 많이 예시로 든다.

어떤 일을 할 때 어느 정도의 전문적인 경지에 오르려면 최소 10,000시간은 들여야 한다는 이야기다.

정말 그 말이 맞고, 일리가 있다고 생각한다.

중요한 것은 10,000시간을 그냥 '아, 그렇게 세월이 흘러야 되는구나.' 이렇게 생각하면 안 된다.

정말 세밀하게 잘 쳐다봐라. 1년, 10,000일, 1,000일, 100일, 10년 이렇게 기간으로 이야기하는 것이 아니라, "10,000시간!!" 시간으로 이야기를 하고 있는 것이다. 시간을 말하고 있는 것이다. 날짜를 말하는 것이 아니다.

단순히 기간이 흘러가서 전문가가 되는 것이 아니라, 10,000시간이라는 것을 투자를 해야 한다는 것이다.

1일 10시간을 투자하면 1,000일 2.7년 약 3년이 걸린다는 것이다.
1일 5시간을 투자하면 2,000일 5.4년 약 6년이 걸린다는 것이다.
1일 1시간을 투자하면 10,000일 27.3년 약 28년이 걸린다는 것이다.
1주일 1시간을 투자하면 잘하는 단계는 못 간다는 것이다.
여기에는 아파서 쉬는 시간, 여행 가는 시간, 기타 개인 정비 시간 등의 내용을 포함하지 않았기에 실제로는 훨씬 더 많은 기간이 걸린다는 것이다. 그래서 많은 사람들이 취미 활동은 정말 취미 수준까지밖에 안 되는 것이다.

시간/1일	일	연	실제
10시간	1,000일	2년 7개월	4년 이상
9시간	1,111일	3년	
8시간	1,250일	3년 4개월	
7시간	1,428일	3년 9개월	
6시간	1,666일	4년 6개월	5년 이상
5시간	2,000일	5년 5개월	
4시간	2,500일	6년 8개월	7~10년
3시간	3,333일	9년 1개월	
2시간	5,000일	13년 7개월	15년
1시간	10,000일	27년 4개월	30년

영어를 예로 들어 보자.
필자 주위에도 영어를 잘하기 위해서 학원을 열심히 다니는 사람들이 있고, 또 영어 공부는 안 하면서 영어 잘하고 싶다는 말을 늘

입에 달고 사는 사람들이 많다.

 야심차게 주1회 또는 주2회 1시간 수업 듣는 학원을 끊거나, 동호회 활동을 하기도 한다.
 그들의 열정을 무시하는 것은 절대 아니다. 그런데 이런 방법으로는 죽었다 깨어나도 "좀 잘하네~" 하는 이야기를 듣는 단계로는 절대 못 간다는 것을 이야기하고 싶다.

 열정이 식지 않는 것을 전제로 주2회 1시간씩 총 2시간 영어를 공부한다고 한다면 5,000주가 지나야 한다.
 1년에 50주 정도를 주2회 2시간씩 공부한다면 100년이 걸린다는 계산이 나오게 된다. 그래서 죽어라 공부를 해도 안 된다는 것이다.

 그러면 영어를 포기하라는 것인가?
 그런 이야기가 아니다. 어떻게 하면 영어를 잘할 수 있을지 역으로 생각을 해 보자.
 매일 1시간씩 공부를 한다고 하면 약 28년이 걸린다. 조금 희망적이지 않는가. 매일 2시간씩 영어만 공부한다면 약 14년이 걸린다. 희망이 보이는데 14년이 언제 지나가지? 한숨만 나올 것이다. 매일 4시간씩 영어만 공부한다면 약 7년이 걸린다. 그런데 나이도 같이 늙어 간다. 매일 8시간씩 영어만 공부한다면 약 3.5년이 걸린다. 3.5년이면 해 볼 만하지 않은가?

"그러면 오늘부터 모든 활동을 접고 매일 8시간씩 4년 동안 영어 공부만 해야 되겠어요."라고 말하는 사람들이 꽤 많다. 그때 필자는 워~ 워~ 릴렉스시키면서 다시 한번 이야기를 한다. "생업, 학업, 여행, 취미, TV, 인터넷, 유튜브 등등 모든 것을 접고 영어만 하겠다고? 왜 그렇게 해야 하는데? 해외 유학 가?"라고 질문하면 역시나 순간 멈칫해한다.

이제 생각해 보자.

영어를 잘 하고 싶어 하면서 주1회 1시간씩 공부를 시작하면 출발선부터 잘못된 것이다. 시작부터 실패의 길을 가고 있는 것이기에 반드시 실패를 하고 마는 것이다.

반대로 자신에게 맞는 시간과 레벨을 설정하고 시작을 한다고 가정해 보자. 내가 원하는 단계는 정말 외국 가서 간단히 영어만 말할 수 있는 단계가 필요하다고 생각한나년 10,000시간까지의 레벨은 필요가 없다고 생각한다. 5,000시간이면 될 것 같다. 5,000시간이면 매일 1시간씩 공부를 한다고 하면 약 14년이 걸린다. 조금 희망적이지 않는가.

매일 2시간씩 영어만 공부한다면 약 7년이 걸린다. 매일 4시간씩 영어만 공부한다면 약 3.5년이 걸린다. 매일 8시간씩 영어만 공부한다면 약 1.8년이 걸린다. 1.8년이면 해 볼 만하지 않는가?

중요한 것은 자신의 여건과 주어지는 시간을 생각해서 레벨과 투자 시간을 맞춰 나가야 하는 것이다. 물론 살다 보면 바빠지는 때도 있고 상대적으로 여유 있는 때도 있으니 평균을 내서 지속적으로 공부할 수 있는 시간을 먼저 찾는 것이 중요하다.

그리고 본인이 어느 정도 레벨을 원하는지를 구체적으로 알아야 한다. 1년 동안 외국에 나갈 일도 없고, 외국인과 대화도 할 일이 없는 사람이 원어민급의 영어를 목표로 하기에는 너무 많은 생업들이 걸려 있다.

1년에 한 번 정도 외국에 나가는 사람이 필요한 영어의 레벨은 다를 것이다. 그렇기에 목표로 하는 레벨을 먼저 생각을 하고 자신의 상황과 환경을 살핀 후 최종적으로 시간을 결정해서 실천에 옮기는 편이 훨씬 목표를 달성하기에 효율적이라는 것이다.

그래서 주위에서 어떤 것을 잘하는 사람을 선생으로 대접해 주고 선생님이라는 호칭을 써 주는 것이다. 다른 분야에서는 당신이 잘하겠지만, 또 다른 분야에서는 그들은 당신보다 몇 배에서 몇십 배는 노력을 한 사람이기에 그 노력을 인정해 줘야 한다는 것이다.

영업을 예로 들어 보자.

신입이든 베테랑이든 상관없이 시간 투자를 많이 한 사람이 결국 실적이 좋게 되어 있다. 물론 베테랑과 신입이 같은 출발선에서 스타트한다면 베테랑이 이길 것이다. 그간 씨를 뿌려 놓은 것이 있기에 이것을 무시 못 한다. 하지만 신입이 베테랑보다 3년 이상 2배의 활동량을 유지할 수만 있다면 머지않아 신입이 베테랑보다 우수한 실적을 거둘 것이다. 지극히 당연한 것이다.

또 다른 예를 들어 보자.
필자의 자녀가 초등학생 남자이다. 남자아이들의 필수인 게임을 빼놓을 수가 없다.
과거부터 꾸준히 유행하고 있는 자동차 레이싱 게임을 예로 든다면 필자보다 초등학생 아들이 훨씬 잘한다. 아들 친구들 중에는 필자가 넘볼 수 없는 레벨의 친구들도 있다. 같이 게임을 하면 필자가 꼴찌이다.
초등학생한테 지다니, 초등학생 애들한테 무참하게 졌다. 이렇게 생각하는 어른들이 많다. 절대, 그렇게 생각할 필요가 없다. 논리는 지극히 당연한 것이다. 핵심은 필자보다 많은 시간을 해당 게임에 투자했다는 것이다.
사업은 필자가 잘하겠지만, 게임의 파트에서는 아들이 많은 시간을 투자했기 때문에 잘하는 것이 당연하다.

반대로 몇십 년 동안 축구 게임으로 유명한 게임이 있다. 필자는 1998년도부터 해 왔기에 시작한 지 얼마 안 된 필자의 아들이 아무리 몸부림쳐 봐도 필자가 압도적으로 이긴다. 논리는 지극히 당연한 것이다. 아들보다 필자가 많은 시간을 들였다는 것이다.

게임의 세계를 보면 어린 학생들이 상위 랭크에 올라 있는 경우를 심심치 않게 볼 수 있다.
왜? 잘할까?
정답은 간단하다. 당신보다 많은 시간을 투자했기 때문이다.

골프를 예로 든다면 배운 지 얼마 안 된 초보가 3~4년 동안 악착같이 골프를 한다면 7년, 10년 동안 골프 친 사람을 앞질러 가는 경우를 어렵지 않게 볼 수 있다.
그 사람은 운동 신경이 좋아서 그렇다고? 젊어서 그렇다고? 반대로 나는 운동 신경이 없어서 발전이 더디다고? 이런 식의 합리화를 많이 하게 된다.

당신은 앞지르기 당하는 사람이 되고 싶은가?
앞지르는 사람이 되고 싶은가?

무엇인가 잘되고 싶은가?
시간과 날짜를 질질 끌면서 흘러가지 말고, 몰입해서 한 번에 확 집중해서 해 나가야 한다.
소위 말해 깨작깨작하지 말고, 확 해 버려야 한다는 것이다. 위의 투입 시간별 실력 향상과 소요 기간을 보면 알 것이다.

중요한 것은 자신이 감당 가능한 범위에서 한 번에 몰아서 해야 한다는 것이다.

그러기 위해서는 하루의 삶 속에서 군더더기를 빼고, 줄이고 해서 지금 하고자 하는 것을 우선순위에 올려놔야 한다는 것이다.

2-4 실력 향상은 우상향 45°가 아니다. — 실력 향상 그래프

    우리가 무엇인가를 시작한다면 누구나 실력은 45° 우상향한다고 생각할 것이다.

    그러나 어느 순간 실력이 늘지 않는 것 같은 생각이 들거나, 오히려 줄어든다고 느낄 때가 많다. 그래서 심리적으로 지치게 되거나 권태기가 오면서 서서히 운동이든 취미든 접는 경우를 많이 경험하게 된다. 그러나 이것은 자신의 실력이 어떻게 향상되는지를 몰라서 일어나는 것이며, 객관적으로 이 단계를 곁에서 봐 줄 수 있는 사람이 없어서 생기는 일이기도 하다.

    운동에 있어서 프로들을 살펴보면 팀에서든 개인적으로든 코치 역할을 수행하는 사람, 식단을 챙기는 사람, 실력을 업(Up)시키는 사람 등 다양한 스태프(Staff)들이 있는 것을 알 수 있다.

    나의 실력과 멘탈이 항상 우상향이라면 스태프(Staff)들은 그렇게 많은 인원이 있을 필요는 없을 것이다. 우리 몸에 있어서 육체적인 부분, 정신적인 부분이 UP & DOWN 하고 있다는 뜻이다. 운동, 취미, 학업, 세일즈, 다이어트 등의 성과가 나타나는 그래프는 항상 우상향이 아니라는 것을 깨달아야 한다.

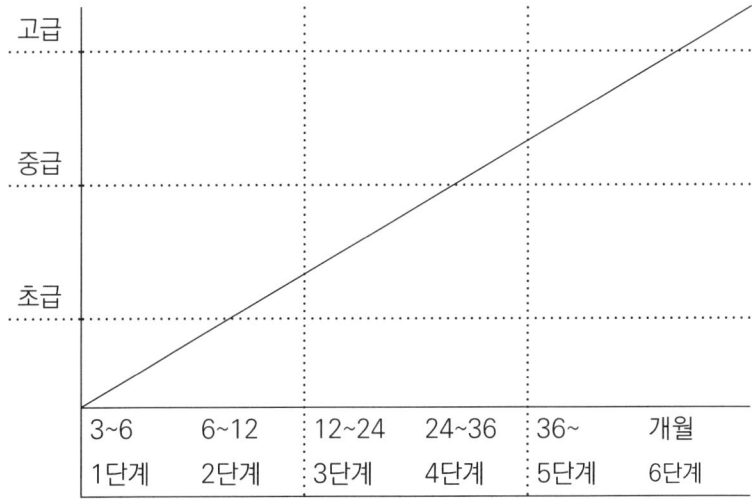

실력은 45°를 그리면서 지속적으로 성장하는 것이 아니다. 아래 표에 제시한 내용대로 계단이 기울어진 형태라고 볼 수 있겠다.

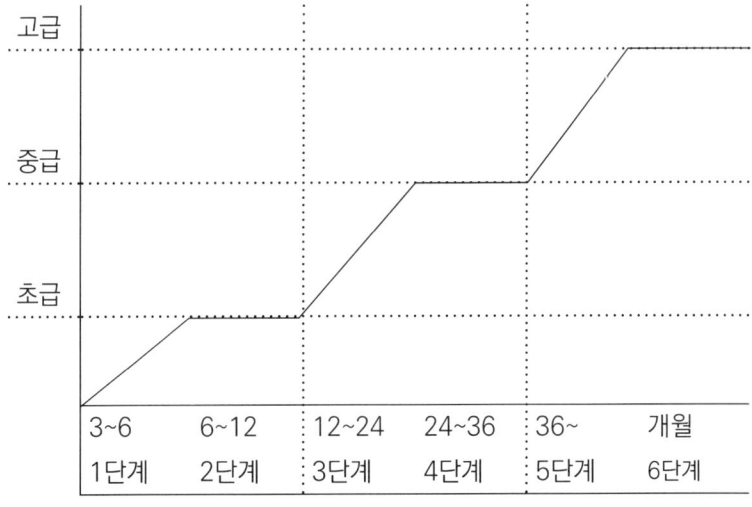

시간을 쏟을 때가 있고, 적당히 유지해도 될 때가 있다.

다이어트 또한 그러하다. 모든 것은 시간을 쏟을 때가 있고 가만히 있어도 유지될 때가 있다. 우리 몸에도 시간이 필요하다.

대부분의 사람들이 무엇인가를 시작할 때 45°의 우상향을 기대하고 시작할 것이다.

필자는 세일즈 외에 다른 강의 경력까지 포함한다면 25년 정도가 되는 것 같다. 그 경험을 토대로 정리해 본다면 계단 기울어진 형태가 실력의 그래프라고 자신 있게 이야기할 수 있겠다.

1년 동안 꾸준한 연습이나 훈련을 통해 지속적으로 성장을 하면 좋겠지만 실전은 정말 다르다. 3개월, 6개월, 9개월, 1년 단위로 몸이 변하고 생각이 변하고 상황이 변하는 것이다.

악기를 배운다고 생각하고 각 단계별 설명을 해 보겠다.

1단계 초급의 전반

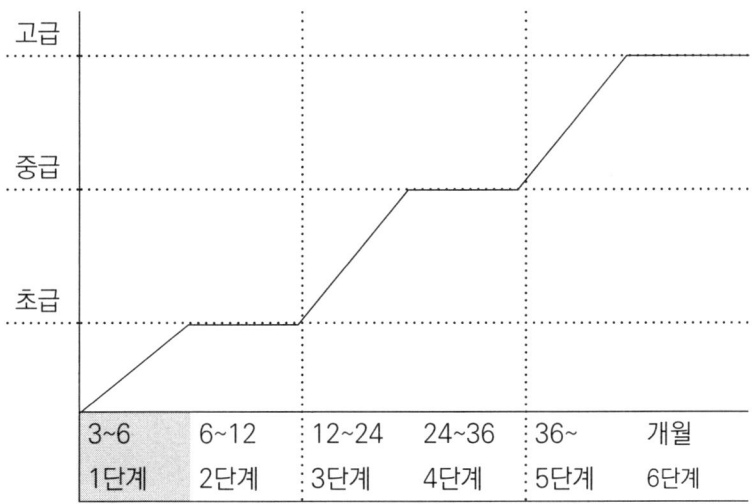

무조건 시간과 생각을 많이 투자해야 한다.

그리고 의도적으로 삶의 우선순위에서 악기를 끌어올려야 하는 단계이다. 삶의 우선순위에는 먹고, 자고, 놀고, 일하고, 쉬고, 유튜브 하고, 게임하고, SNS 하고, 각종 모임 하는 것들이 차지하고 있을 것이다.

이런 삶에서 갑자기 악기라는 것이 들어오면 우선은 하위권에 머물게 되어 있다. 그래서 약 3개월 정도는 의도적으로 끌어올려야 한다는 것이다.

수많은 연구 자료에서 많이 나와 있는 내용이 우리 몸은 100일 주기로 세포가 변화한다는 내용이다. 그래서 3개월 정도는 의도적으로 변화시키고 몸에 적응하게끔 만들어서 저절로 몸이 움직일 수 있게 습관화시키라는 것이다.
　그리고 이 단계에서는 무조건 많이 배워야 한다. 가르치는 강사에게 오롯이 집중해야 한다. 최대한 많은 것을 머릿속에 집어넣어야 한다. 이 단계에서는 '암기〉이해'가 되어야 한다. 단순 반복으로 몸에 익히고 그냥 많이 암기를 해야 성장을 하게 되는 단계이다.

　돌을 굴려서 밀어 올린다고 생각하면 이해가 빠를 것이다. 하루라도 돌을 밀어 올리지 않으면 뒤로 밀리게 되므로 쉬면 제자리가 아니라 마이너스(-)가 되는 단계이니, 매일 계속 무식하다는 소리를 들을 만큼 꾸역꾸역 해 나가야 하는 단계이다.
　먹을 것 다 먹고, 잘 것 다 자고는 절대 새로운 것을 꾸준히 해 나갈 수가 없다는 것을 깨달아야 하는 단계이다.

2단계 초급의 후반

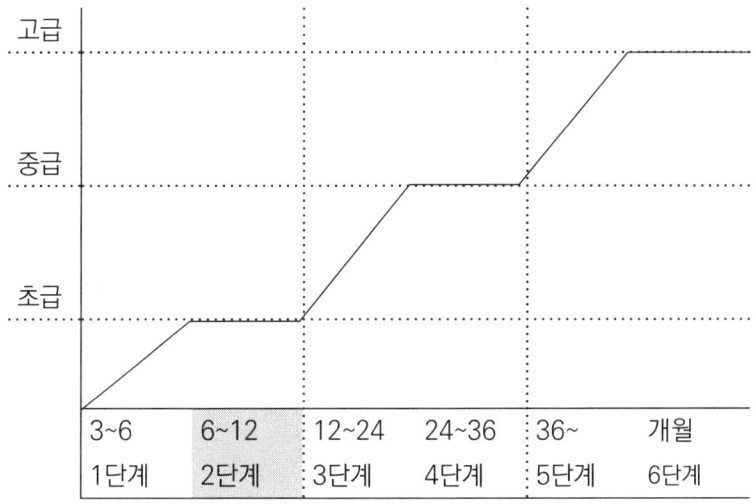

이 단계에서는 3개월 정도 활동을 했으니 어느 정도는 몸에 익어 있는 단계이다. 강사와도 친밀감이 어느 정도 형성되어 있어서 긴장감이 상대적으로 덜한 단계이다.

매일 돌을 밀지 않아도 아래로 굴러 떨어지지 않는 단계이다. 그리고 오르막에 비해 돌을 밀기도 훨씬 수월한 단계이다. 그래서 한결 여유가 생기게 된다.

이 단계에서는 '암기<이해'로 전환을 해야 하는 단계이다. 그동안 수많은 정보들을 듣고 암기한 것을 본격적으로 이해를 해야 실력이 성장하는 단계이다. 배운 것들을 계속 생각해 가면서 연습을 해야

한다는 것이다.

　'아~~ 이래서 이렇게 하라고 했구나.'

　'아~~ 이 말은 이 뜻이었구나.'

　'아~~ 이렇게 하는 것이 훨씬 잘되는구나.'

　이런 반응이 많이 나오는 것이 실력이 향상되고 있다는 뜻이다.

　돌을 밀어 올릴 때 이제는 평지에 왔으니 하루 이틀 쉰다고 해서 실력이 마이너스(-)되지는 않는다. 쉬엄쉬엄 해 나가도 된다는 것이다.

　하지만 심리적인 문제가 생긴다. 초급 전반 단계에서는 실력이 쑥쑥 증가하는 것이 눈으로 보였는데, 초급 후반에서는 왠지 내 실력이 많이 성장하지는 않는 것 같고 때로는 오히려 실력이 줄어드는 것 같이 느껴진다. 성장하고 있는 것이 맞는가? 하는 의문도 들고 강사가 나랑 안 맞아서 그런가? 하는 온갖 생각이 드는 단계이다.

　"절대 아니다."라고 자신 있게 이야기 할 수 있다.

　성장이 안 되는 것이 아니고, 다른 방향으로의 성장이 되고 있는 시기다. 공사를 한다면 시멘트를 붓는 행위가 초급의 전반이 되는 것이고, 시멘트를 굳게 하는 행위가 초급의 후반이 되는 것이라고 생각하면 되겠다. 몸으로 점점 익히게 되는 단계이다. 배운 것을 자기 것으로 만들지 않으면 기초가 약하기에 절대 중급의 단계로 갈 수가 없다. 하지만 정말 많은 사람들이 이 단계에서 매너리즘에 빠지게 되고 흥미를 잃어 가면서 해당 취미, 악기, 운동 등을 그만두게 되는 것을 많이 보게 된다.

'배울 학(學), 익힐 습(習)'

우선 배우고, 그리고 그것을 스스로 익혀야 비로소 자기 것이 된다는 것이다.

우리가 강사한테 듣는 것은 학습이 아니다. 엄밀히 말하면 학(學)인 것이다. 단순이 배우는 그 자체일 뿐이다. 내 것이 아니다. 이렇게 배운 지식을 내 것으로 만드는 단계가 습(習)인 것이다. 그래서 배우고 나서 익혀야 비로소 내 것이 된다는 것이다.

그래서 주변을 살펴보면 뭔가 정보가 빈약한 사람, 알기는 아는 것 같은데 뭔가 부족한 사람, 겉만 아는 깃 같이 보이는 사람, 할 줄은 아는데 뭔가 어설픈 사람들이 배우기는 했지만 익히는 단계를 안 해서 머리만 커져 있는 사람들인 것이다. 그 정도의 지식으로는 그 누구에게도 임팩트를 줄 수 없다는 것이다.

그러면 본인이 초급의 후반으로 접어들었는지 어떻게 확인하냐고?

본인이 악기든 취미 활동을 한다는 것을 주위 사람들이 알고는 있는데, 자신의 실력을 보여 주기에는 뭔가 모르게 아쉬움이 있고, 잘

한다는 이야기를 듣는 것은 아니고, 그렇다고 완전 초급은 아닌 상태라고 할 수 있겠다.

3단계 중급의 전반

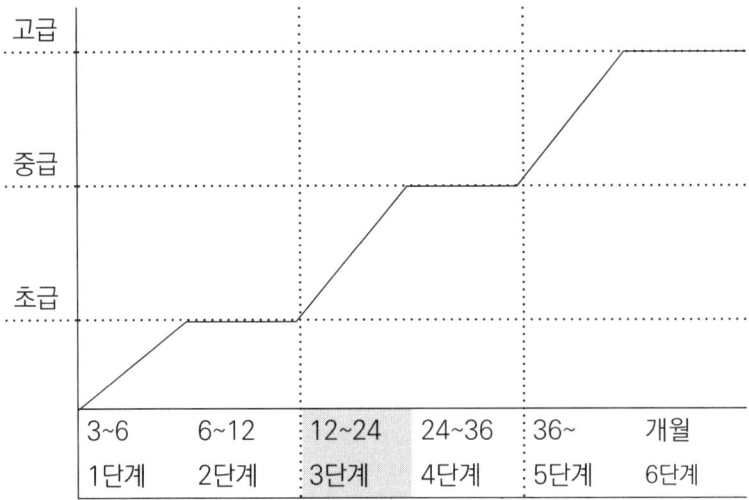

초급 단계가 어느 정도 지날 때면 정말 중요한 타이밍이 있다. 초급 후반에서 중급 전반으로 넘어가는 단계이다.

관성의 법칙이 있다. 움직이는 것은 계속 움직이려고 하고, 멈춘 것은 계속 멈추려고 하는 습성이다.

초급 전반에서는 돌을 움직이는 것이 힘이 들지만 어찌 되었든 돌을 계속 밀어 올리니 할 수는 있는 단계이고, 초급 후반에서는 평지에서 돌을 미는 것이니 상대적으로 힘이 덜 사용되는 단계인데, 가장 어려운 단계가 평지에서 다시 오르막으로 밀어 올리는 그 단계이다. 정말 힘들다.

스스로 의지만으로는 다소 부족하다. 뭔가 자극제가 되거나, 모멘텀이 발생해야 비로소 중급의 단계로 진입할 수가 있게 된다. 그래서 코치의 역할이 참으로 중요한 것이다.

내기를 하여 자극을 줄 수도 있고, 어설픈 초급의 실력으로 살짝 무시를 당하든가, 좋아하는 사람에게 실력을 보이고 싶든가 하는 뭔가 강한 자극제가 필요한 단계이다.

주변에 환경이 안 만들어지면 스스로에게 승부 또는 내기를 하는 것도 추천을 한다. 어떻게 해서든 몸부림을 쳐서 한번 중급의 흐름을 타게 되면 초급 전반의 단계와 마찬가지로 열심히 강사의 것을 배워야 한다.

이때는 '암기>이해'로 다시 모드를 변경해야 한다.

초급의 내용이 암기+이해가 되어 있기에 중급의 내용을 들을 때는 기본 위에 새로운 중급의 내용이 올라가기에 새로운 세상이 펼쳐지는 것 같은 기분이 들고 희열을 느끼게 되어 놀라운 탄력성을 발휘하게 된다.

그래서 중급의 단계로 갈 때는 강사 또는 주위의 변수가 참으로 중요해진다.

4단계 중급의 후반

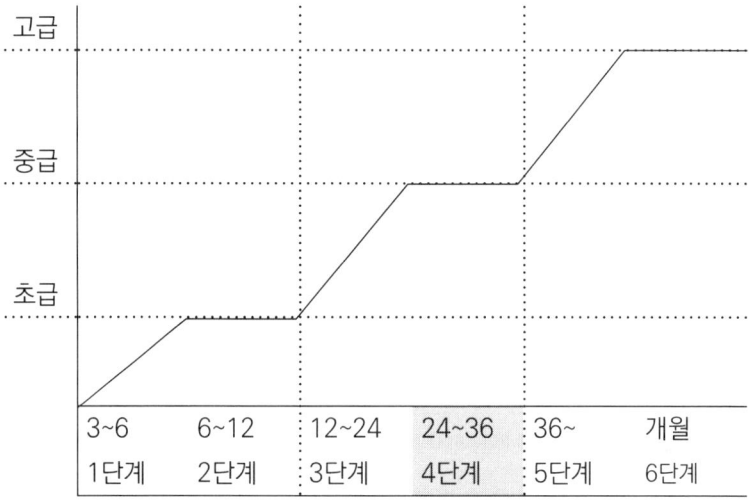

중급의 흐름으로 전반을 3개월 정도 달리고 나면 중급 후반 단계로 접어들게 된다. 열심히 돌을 밀어 올리고, 또다시 평지에 접어들게 된다. 한번 겪어 봤기에 여유 또한 가지게 된다.

중급 후반 단계에서는 역시 '암기<이해' 모드로 변경해야 한다.
높은 곳으로 왔기에 경치를 둘러볼 여유도 생기고, 밑에서 열심히 돌을 밀어 올리고 있는 초급의 사람들이 눈에 보이게 된다. 어딜 가서도 뽐낼 수도 있는 실력이 되었다. 기분이 좋다.

그래서 이 단계에서는 본인의 성장을 위해서 초급의 사람들에게 조금씩 레슨을 해 주는 것을 추천한다. 가르치다 보면 본인의 머릿속에 있는 내용을 저절로 정리하게 되므로 중급 후반 단계를 아주 쉽게 헤쳐 나가게 된다.

그러면 중급 후반 단계에 왔다는 것을 어떻게 확인할 수 있는가 하면 주변에서 잘한다는 이야기를 어렵지 않게 들을 수 있고, 상대가 원한다면 나의 실력을 어느 정도 보여 줄 수 있는 단계이고, 초급자들이 존경 어린 눈빛을 보내는 단계이다. 어떤 동아리든 모임이든 실력으로 TOP10 안에는 들 수 있을 것이다.

5단계 고급의 전반 & 6단계 고급의 후반

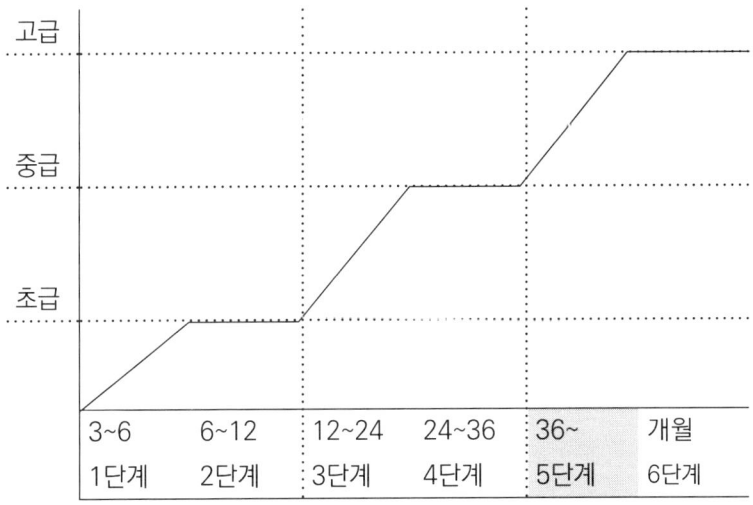

여기서부터는 생업 & 부업, PRO & 아마추어로 나누어지는 시기이다.

중급 후반의 단계는 아마추어로 갈 수 있는 마지막 단계라고 보면 된다. 그러나 고급의 단계로 가려면 생업을 해당 취미 종목으로 변경하거나, 어린 학생들이라면 엘리트 코스로 전환해야 가능한 단계이다. 그래서 중급 후반 단계만 간다면 어디를 가서도 "우와!" 하는 소리를 들을 수 있을 것이다.

이렇게 실력 향상 그래프에 대해서 길게 자세하게 설명을 하는 이유는 사람이 살아가면서 당근과 채찍이 골고루 필요하다는 것이다. 당근만 가지고도 한계가 있고, 채찍만 가지고도 한계가 있는 것이다. 그리고 해당 분야의 코치 또는 강사의 입장이라면 이런 것을 알고 학생을 지도한다면 훨씬 유능한 강사가 될 것이다.

반대로 채찍이 필요할 때 당근을 주고, 당근이 필요할 때 채찍을 준다면? 그 결과는 상상하기 싫을 것이다.

암기는 재미가 없다. 그래서 재미없는 단계에서는 채찍보다는 당근이 필요할 것이고, 반대의 단계에서는 조금 더 힘을 짜내야 하기에 당근보다는 채찍이 조금 더 어울린다고 할 수 있겠다. 채찍이 나쁜 의미는 아니고, 당근을 먹으면서 주변을 구경하며 가기에는 여건상 어려우니 우선 달리는 것에 집중하라는 의미의 채찍이니 오해하지 않았으면 한다.

다이어트, 운동, 스포츠, 악기 등등 그 어떤 것을 시작하더라도 이 그래프대로 흘러갈 것임을 알고 시작한다면 상대적으로 훨씬 수월하게 정착하게 될 것이다.

글을 쉽게 풀어 썼고, 필자가 이렇게 살아와서 편하게 이야기를 하지만, 실제로 실천을 하는 단계에서는 결코 쉽지 않을 것이다.
그래서 해당 파트에서 실천을 한 사람들을 위대하게 보는 것이고, 실력이 성장한 사람들을 선생이라고 부르면서 존중을 해 주어야 한다는 것이다.

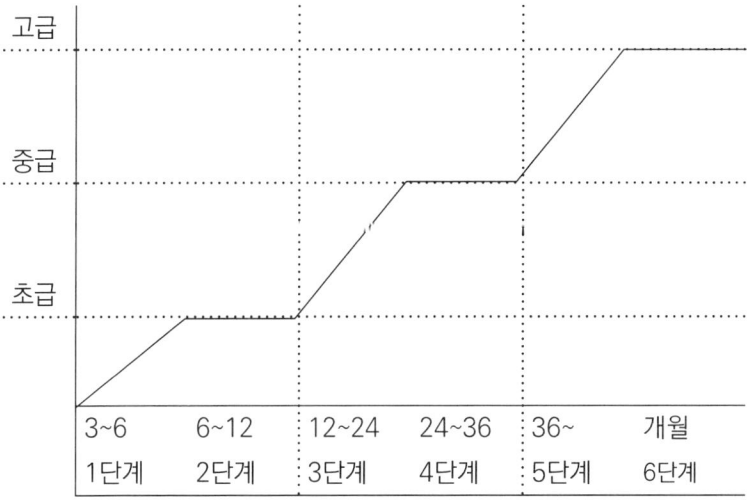

단계	중요	핵심	상황	포인트
1	암기	무조건 암기	우선순위 끌어올리기	방해되는 것 제거
2	이해	암기한 것들 이해	조금 숨 돌리기	다시 정상화
3	암기	레벨 업 암기	다시 피치 올리기	터닝 포인트, 모멘텀 필요
4	이해	레벨 업 이해	여유 있게 주변 살피기	레슨해 보기 추천
5	암기	진로 고민 암기	생업 관련 고민	정체성 정립
6	이해	진로 고민 이해	늦기 전에 결정	실천

2-5 시간을 잡아라.(1) — 절실함의 퍼센트(%)

필자에게 이런 질문을 많이 해 온다.
이 글을 읽는 여러분 역시 이렇게 생각을 하고 계실 것이다.

Q: 무엇이든 성공하고 싶고, 잘하고 싶고, 그러려면 시간을 많이 투자해야 한다는 것을 알고 있는데 왜 저는 실행이 그렇게 안 되는지 모르겠어요. 제 자신을 쳐다보면 한숨만 나와요.

A: 왜 실행이 안 되냐고요? 안 되는 것이 아니라 안 하는 것입니다. 그만큼 절실하지 않아서 그렇습니다. 왜 잘하고 싶은가요? 왜 변화하고 싶은가요? 정말 자신의 인생을 바꾸고 싶은가요? 정말? 정말요? 지금 하고 있는 것들을 잘해서 자신의 인생을 정말 바꾸고 싶습니까?

이렇게 질문을 반대로 해서, 스스로 어떤 대답을 하는지 보면 답은 나와 있다.

가장 첫 번째 이유는 절실함의 퍼센트(%) 차이이다. 그 퍼센트(%)의 차이가 행동과 실천력의 차이를 만들어 내는 것이다.

가볍게 예시를 들어 보자.
남성들 위주로 많이 하는 게임을 생각해 보자.

알아서 스스로 레벨을 올리기 위해 집중하는 모습과 잠도 안자고 쉬지도 않고 게임을 하고 있는 모습을 많이 볼 것이다. 레벨을 올리기 위해 업무 중에서 핸드폰을 켜서 능력치를 향상시키고 있을 것이다. 대중교통에 탑승하면 핸드폰을 켜서 게임을 할 것이다.

필자 역시 게임의 레벨을 올리기 위해 새벽까지 게임을 하거나, 밤을 새거나, 끊임없이 핸드폰을 쳐다보고 지낸 적이 있다. 얼마나 많은 사람들이 자신의 레벨을 올리기 위해 노력을 하는지 보려면 멀리 갈 필요가 없다. 집 근처의 pc방을 가 봐라. 엄청난 노력과 엉덩이의 힘을 볼 수 있을 것이다. 거기에서 게임이라는 단어 대신에 자신이 하고자 하는 것을 넣으면 되는 것이다.

바로 이 정신을 말하는 것이다. 이런 정신이면 무엇이든 가능하다고 본다. 세일즈를 하는 사람이라면 여기에서 게임을 빼고 세일즈를 넣으면 되는 것이다.

세일즈의 레벨을 올리기 위해 잠도 안 자고 쉬지도 않고 세일즈를 하면 되는 것이고, 대중교통에 탑승하면 세일즈를 공부하거나 생각하면 되는 것이다. 그러면 알아서 세일즈의 전문가가 되어 있을 것이다. 사람 만나면 게임 이야기 대신 세일즈 관련 이야기를 하면 되고, 유튜브도 게임 관련 유튜브 대신 세일즈 관련 유튜브를 보면 되는 것이다.

골프를 새로 시작한 사람이 골프를 잘하고 싶다고? 방법은 간단하다. 자신의 삶에서 게임을 빼고, 골프를 집어넣으면 되는 것이다. 게임하는 시간 대신 골프를 하면 되는 것이고, 사람들을 만나서 게임이든 잡담하는 시간 대신 골프 이야기를 하면 되는 것이고, 유튜브로 기타 등등의 동영상을 보기보다는 골프 관련 동영상을 보면 되는 것이다.

어렵다고 생각하면 정말 어렵겠지만, 반대로 쉽게 움직인다면 정말 쉽게 되는 것이다. 자신의 뇌에 게임이라는 스위치를 끄고 골프라는 스위치를 켜면 되는 것이다.

그런데 게임은 그대로 유지하고 싶고 거기에 골프를 집어넣으려고 하기에 문제가 되는 것이다. 모든 일에 있어서 정답은 항상 간단하다. 어렵지 않다. 다만 그것을 인정하고 실행하고 싶지가 않은 것뿐이다. 그래서 누가 행동으로 실천하고, 누구는 행동으로 못 하는지에 대한 대답은 간단하다.

절심함의 퍼센트(%) 차이일 뿐이다.

행동으로 모든 것을 증명하는 것이다.
자신의 세일즈가 잘돼야 한다. 세일즈를 통해서 돈을 벌어야 한다고 자신은 정말 절실하다고 이야기하는 사람의 절실함을 실제로 보려면 그 사람의 행동을 보면 되는 것이다.

잔소리 같겠지만, 아재 같겠지만, 세상은 말로 살아가는 것이 아니다. 행동으로 살아가는 것이다. 자신의 절실함과 진실함은 말이 아니라 행동으로 보이는 것이다.

필자가 항상 상담을 해 보면서 느끼는 것은 대부분 무엇이 문제이고 어떻게 해야 하는지 정답을 알고 있다는 것이다.

정답을 모르는 문제는 애초에 고민 대상이 아니라고 볼 수 있다. 그 정답을 행하려고 하는데 '꼭 해야 하나? 이걸 지금 해야 하나?' 이런 생각들로 사로잡혀 있으니 못 하는 것뿐이다. 그래서 상담 중에 고민과 정답은 스스로 알고 있음을 깨닫게 하고 그것을 실천하게 해 주는 것이 필자가 핵심적으로 코칭해 주는 역량이라고 할 수 있겠다.

영업이든 교육이든 취미 활동이든 중요한 것은 기간(연, 월, 일)이 아니라 시간이다. 그래서 다시 한번 자신의 위치를 돌아보자는 취지에서 묻는다.

"당신은 몇 년을 투자했습니까?"

이게 아니라

"당신은 몇 시간을 투자했습니까?"

라고 말이다.

'시간 투자 & 절실함'. 이 키워드가 당신의 삶을 바꿀 것이고, 이것을 실천해 온 삶이 지금 자신의 모습인 것이다.

당신은 프로 골퍼인가?

만약 프로 골퍼라면 하루 10시간 이상 골프에 투자를 했다는 것이고, 정말 절실함이 강했으니 자나 깨나 골프 생각으로 삶을 살아왔을 것이다. 적당히 놀면서 골프 치고, 잘 것 다 자고 먹을 것 다 먹고 놀 것 다 놀고 프로 골퍼가 되는 사람은 없다고 본다. 그리고 프로 골퍼가 되어서도 상위권으로 가려면 더욱 피나는 노력이 필요하다. 소위 우리가 골프 방송을 보면 나오는 이름들. 그 레벨로 가려면 또 악착같이 골프만 생각해야 한다. 그래서 골프에 있어서는 프로 골퍼가 박수를 받는 것이다.

당신은 프로 게이머인가?

만약 프로 게이머라면 하루 10시간 이상 게임에 투자를 하고, 코스를 분석하고, 전략을 짜고 자나 깨나 게임 생각으로 삶을 살아왔을 것이다. 많은 사람들이 또는 학생들이 프로 게이머가 꿈이라고 하면 필히 이야기를 해 준다. 게임을 하루에 10시간 이상씩 해야 한다고. 그런 이야기를 해 주면 거기에 바로 결론이 나게 되어 있다. 정말 쉬운 길은 아니다. 그래서 게임에 있어서는 프로 게이머가 박수를 받는 것이다.

당신은 아마추어인가? 프로인가?

일주일에 두세 번 2~3시간씩 해당 취미를 했을 것이다. 적당히 일을 하고, 적당히 먹고, 놀고, 개인 휴식도 취했을 것이다. 그래서 해당 취미도 아마추어 정도의 레벨을 가지고 있을 것이다. 모두가 프로일 필요는 없다.(이것이 절대 나쁘다는 의미가 아님을 말한다.)

그래서 자신의 삶으로 자신을 증명하는 것이지 말로 증명하는 것이 아니다. 필자 역시 세일즈를 위해서 하루 10시간 이상 세일즈에 투자하고, 공부하고, 전략도 짜고, 연구도 하고 그렇게 10년 이상 살아왔기에 프로 세일즈맨으로 이 책을 쓸 수 있는 것이다.

자나 깨나 세일즈 생각, 이동하면서 공부하고 주경야독은 기본이었다. 그래서 세일즈 실력과 지식 수준까지 모두 잡을 수 있었다. 필자는 TOP으로 올라가고픈 절실함이 있었다. 이 절실함을 어떻게 말로 할 수가 있겠는가?

긴말이 필요 없이 행동으로 보이면 되는 것이다.

2-6 시간을 잡아라.(2) — 시간을 잡는 네 가지 방법

성공을 위해서는 반드시 시간을 잡을 줄 알아야 한다. 돌려 말하면 생각을 잡아야 하고, 자신의 마음을 잡아야 하고, 행동을 잡아야 비로소 시간을 잡을 수 있을 것이다.

불변의 진리는 돈이 많든 적든, 권력이 있든 없든, 나이가 많고 적음을 떠나서

모든 이들에게 주어지는 시간은 24시간, 365일 동일하다.

1. 생각을 잡아라

그냥 시간은 흘러간다. 몸으로 움직이는 것만이 시간은 아니다. 생각을 놀리지 마라. 생각을 집고, 시간을 집아라. 가만히 있으면 아무것도 일어나지 않는다.

배드민턴계의 레전드라고 불리는 박주봉 감독님이 현역 시절 시합 전에 하는 행동이 이슈가 된 적이 있다. 시합 전에 수건을 뒤집어쓰고 시뮬레이션을 한다는 것이었다. 한 게임을 그렇게 시뮬레이션을 끝내면 몸이 훨씬 빨리 반응하고, 성적 또한 좋다고 하였다.

이 방법을 정말 추천한다. 본인이 몸으로 행동을 하기 어려운 여

건이라면 생각으로 시뮬레이션을 하길 바란다. 상상으로 연습하고, 상상으로 테스트해 보는 것이다.

배드민턴을 배우는 사람이 대중교통에서 해당 운동을 하기 어렵다면 생각을 하기 바란다. 운동을 시작했다고 생각하고 생각을 해보라. 지난번 배운 것을 기억하고 떠올리고, 다시 연습하는 자신을 생각하고 그대로 계속 생각으로 연습을 하는 것이다.

스텝을 생각으로 연습하고, 스윙을 연습하고, 더 나아가 시합을 한다고 생각하고 어디로 공격할 것인지, 공격을 받는 상황을 어떻게 대처할 것인지 포인트는 어떻게 쌓을 것인지를 생각으로 시뮬레이션을 하는 것이다. 이런 상태가 지속적으로 이어진다면 실제 현장에서 배드민턴을 할 때는 몸이 훨씬 빨리 반응한다는 것을 알 수 있을 것이다. 그리고 생각으로 대비가 되어 있기에 실전에서도 훨씬 수월하게 방어 및 공격을 할 수 있을 것이다.

악기를 배우는 사람이라면 걸어 다니면서 또는 대중교통 이동 시간에 해당 악기를 생각하라는 것이다. 배운 것을 복습하고 다시 생각으로 연습하면서 완성을 시켜 나가라는 것이다. 손목은 어느 정도 움직일 수 있으니 악기를 하는 사람은 마음만 먹으면 조금 더 시간을 활용할 수 있는 여지가 많다. 그리고 나서 악기를 연주한다면 한결 다른 자신을 발견할 것이다.

당구를 치는 사람들에게는 더 이상의 설명이 필요 없을 것 같다. 직사각형 또는 네모만 봐도 당구대가 떠오르고, 둥근 것만 봐도 당구공이 떠오르는 현상을 많이 겪었을 것이다. 보조 배터리의 직사각형만 봐도 당구의 길이 보이고 공을 어떻게 칠지 연구하게 되는 사람들을 무수히 많이 봤을 것이다.

생각을 해 봐라. 일과 중에 아무런 생각도 하지 않고 일과 후에 해당 운동 및 악기를 연습하는 것과, 이동 시간 또는 휴식 시간에 해당 운동 및 악기를 생각한 사람이 일과 후에 운동 및 악기를 하는 것이 어떻게 똑같은 결과를 낼 수가 있겠는가?
이 차이가 하루, 이틀, 한 달, 두 달, 1년, 2년이 간다면 그 차이는 '넘사벽'의 차이를 만들어 내게 되는 것이다.

이렇게 첫 번째로 버려지는 시간을 잡기 위해서는 생각을 먼저 잡아야 한다는 것이다.
그리고 첫 번째가 된다면 그 다음으로는 실질적으로 시간을 찾아냄으로써 시간을 잡아야 한다.

2. 버려지는 시간을 잡아라

하루에 버려지는 시간은 정말 많다. 그것을 확인하고 싶다면 하루 자신의 삶을 적어 봐라. 그리고 다음 날을 계획해 봐라.

정말 시간이 없다고 이야기하는 사람들에게 하루 일과표를 주고 적어 보라고 하면 최소 2~3시간의 공백 시간을 발견할 수 있다. 최소 2~3시간이다. 그냥 누구나 그 정도의 버려지는 시간은 있다고 보면 된다는 뜻이다. 많게는 5~6시간을 찾아내기도 한다.

이렇게 하루에 버려지는 시간을 1시간만 잡아내도 그것이 일주일이면 5~6시간이 될 것이고 한 달이면 20시간이 확보되는 것이다. 정말 최소를 이야기하는 것이다. 아무런 노력 없이 구조만 바꿨을 때 한 달에 20시간을 확보한다는 것이다. 1년이면 최소 240시간을 거저 얻는다는 것이다.

이것을 다시 날로 환산해 보자. 1회 2시간씩 주2회 운동을 배우는 사람이라면 60주의 시간을 거저 얻는다는 말이 되고, 15개월 이상을 거저 얻게 된다는 것이다.

구조를 바꿔서 거저 얻게 되는 시간을 해당 운동으로 방향을 틀어 준다면 본인은 12개월(1년) 연습을 했지만 27개월(2년 3개월) 연습한 것과 같은 효과를 가지게 되는 것이다.

2년 동안 연습을 했다면 본인은 24개월(2년) 연습을 했지만 54개월(4년 5개월) 연습한 것과 같은 효과를 가지게 되는 것이다.

이 내용이 정말 중요한 것이다.
그냥 아무렇지 않게 생활하면서 흘러가 버린 시간을 조금의 계획을 통해서 최소 1시간의 시간을 확보했을 뿐인데 엄청난 결과를 만들어 내 버린 것이다.
그렇다면 정말 야심차게 버려지는 시간 2시간을 확보를 해서 본인이 배우고 있는 운동으로 방향을 틀어 준다면?
24개월(2년) 연습을 했겠지만 108개월(9년) 연습한 것과 같은 효과를 가지게 된다는 것이다.

무엇을 해도 항상 고만고만한 실력을 가진 사람들을 많이 봤을 것이다. 그러나 무엇을 해도 항상 잘하는 실력을 가진 사람들도 봤을 것이나.
바로 이 연습 방법과 생각을 다루는 방법을 알고 있는 것이다. 언제 어떻게 시간을 써야 하는지를 정확하게 알고 있는 것이다. 생각을 통해서, 계획을 통해서, 시간을 통제하면서 살지 않으면 사는 대로 생각하게 된다.

삶을 생각하고 계획하지 않으면, 사는 대로 생각하게 된다.
내가 내 삶의 주인이 되어 시간을 끌고 가는 것과, 시간이 내 삶의 주인이 되어 나를 끌고 가는 것은 전혀 다른 것이다.

  버려지는 시간을 잡지 않으면 자신의 삶은 절대 근본적으로 변할 수가 없다고 이야기할 수 있겠다.

3. 좌우로 밀착 & 빼 버리기

핵심만 간단히 설명하자면, 시간을 잡기 위해서는 둘 중 하나는 해야 한다는 것이다.

1	2	3	4	5

5인용 벤치가 있다고 가정하자.
5명이 앉아 있는데 한 명(6번)이 더 앉아야 하는 상황이 발생했다면? 어떻게 해야 할까?

좌우로 밀착해서 6번이 끼어 앉을 수 있게 만들어 준다.
한 명이 일어나면 해결된다.

무엇인가 새로운 일을 해야 할 때는, 이렇게 두 가지의 선택지가 있을 것이다. 필자 역시 책을 쓰기로 마음먹었을 때는 이 상황에 놓이게 되었다.

자신의 삶 또한 이 상황과 동일하다고 보면 된다. 하루의 스케줄이 가득 차 있는 상황에서 새로운 취미 활동을 하든 운동을 하든 공부를 하든 해야 하는 상황에서는 '좌우로 밀착'을 해서 공간 또는 시간을 확보하든지, 아니면 '빼 버리기'를 통해서 공간 또는 시간을 확보해야 한다는 것이다.

좌우로 밀착

무엇인가 새로운 것을 할 때는 그에 맞는 절대적 시간이 필요하다. 그래서 이미 시간을 차지하고 있는 다른 것들의 시간을 줄여서 새로운 것이 들어올 수 있는 환경을 만들어 주어야 한다는 것이다.

예를 들면 하루 3번 또는 2번 밥을 먹는다고 생각하면 식사 시간 중 10분씩만 줄여서 타이트하게 보낸다면 이미 20~30분은 확보가 된 것이라고 말할 수 있겠다.

출퇴근 시간이 편도 40분에서 1시간가량 소요된다고 가정한다면 거기에서 10분씩만 새로운 것에 투자를 한다고 생각하면 출퇴근 합해서 20분은 확보가 된다고 말할 수 있겠다.

집에 와서 유튜브 또는 TV, 게임하는 시간 10분만 줄인다고 가정한다면 하루에 쉽게 1시간을 확보할 수가 있는 것이다.

그래서 이미 몸에 체질화되어 있는 삶을 통째로 바꾸기는 쉽지가 않기에 체질적인 문제는 건드리지 않고 조금의 구조적인 변경을 통해서 시간을 확보하는 방법이라고 할 수 있겠다.

식사 시간 10분 줄이기 2회: 20분 확보
출퇴근 시간 10분 활용 2회: 20분 확보
유튜브 시간 10분 줄이기 1회: 10분 확보
TV 또는 게임 시간 10분 줄이기: 10분 확보

최종적으로 어렵지 않게 새로운 무엇인가를 할 수 있는 시간: 1일 60분 확보.

이렇게 사는 것이 피곤하다고? 힘들다고?
그렇다면 또 하나의 방법이 있다.

빼 버리기

1	2	3	4	5

새로운 6번이 들어와야 하는데 이미 자리를 잡고 있다면? 계획 세워 부지런히 움직이는 것은 하기 싫고, 타이트하게 살기는 더욱 싫다면?

하나를 빼 버려야 한다는 것이다.
1번을 빼고 6번이 들어가면 되는 것이다.

6	2	3	4	5

언뜻 보면 이론적으로는 가능해 보인다. 그런데 이렇게 할 수 있을까?

밥 먹는 것을 빼라고? 출퇴근을 빼라고? 유튜브를 빼라고? 게임을 빼라고? 쉬는 시간을 빼라고? 골프를 빼라고? 여행을 빼라고? 잠을 줄이라고? 무엇을 빼라는 거지? 이런 생각을 할 것이다.

결론적으로 이야기한다면 절대 뺄 수 있는 것이 없다. 그리고 이렇게 빼 버리는 식의 실천을 하게 되면 부작용이 바로 일어난다. 오래 못 간다는 뜻이다.

'나는 오늘부터 유튜브를 안 보고 그 시간에 운동을 하겠어!'라고 다짐하는 사람들은 금세 금단 현상 같은 부작용이 일어나게 된다.

실제로 다수의 상담을 해 보면 이렇게 행동하는 사람은 없다. 그리고 이렇게 행동하기는 결코 쉽지 않다. 무엇인가 하나를 포기해야 한다는 것은 결코 쉽지 않다.

그렇다면 '좌우로 밀착'도 안하고 '빼 버리기'도 안 하면서 새로운 것을 한다고, 할 수 있다고, 나는 된다고 하는 사람은 절대 그것을 못 한다고 할 수 있겠다.

모두의 시간은 24시간으로 동일하다는 것을 잊지 마라. 사람에 따라 탄력적으로 25시간, 26시간으로 늘어나거나 23시간으로 줄어들지도 않는다.

시간이 없다면 '좌우로 밀착'을 실행해서 하루를 타이트하게 쓰는 것이 필요하다.

앞에서 말한 내용을 다시 한번 읊어 본다면 자신의 절실함의 강도에 따라 하루를 얼마나 타이트하게 살아가야 하는지가 결정된다고도 할 수 있겠다.

4. 할 일을 적어라

　가장 쉽게 할 수 있는 방법을 추천한다면 자신이 하는 일과 할 일을 적어 보라는 것이다. 자신이 하루에 하는 일, 그리고 그 일의 우선순위를 매겨서 적어 봐라.

　자신이 해야 할 일을 적으면서 우선순위를 먼저 매겨 봐라. 다른 책에도 비슷한 내용이 많은 내용이라 진부하다고? 여러 책에서 나오는 내용은 분명 의미가 있기에 동일 내용이 거론된다고 할 수 있겠다. 그렇게 많이 나오고, 진부하다고 생각되는 내용을 당신은 얼마나 실천해 봤는가? 실천을 해 보기는 했는가? 해 봤다면 정말 제대로 지속적으로 꾸준히 해 봤는가?
　정말 제대로, 지속적으로, 꾸준히 해 봤다면 진부하다는 말은 절대 안 나올 것이다.

　왜냐면 이것이 핵심이기에 그러하다.

　첫 번째로 그날그날 할 일 또는 다음 날 할 일 List를 적어 봐라.
　두 번째로 적은 내용 중에 우선순위를 매겨 봐라. 이렇게 순위를 매길 수 있어야 막 행동을 안 하게 된다. 그리고 해야 할 일과 하고 싶은 일을 구분할 수 있게 되고, 지금 당장 할 일과 잠시 미뤄도 되는 일을 혼돈하지 않게 된다.

많은 사람들의 성공을 위한 필독서가 되어 버린 《성공하는 사람들의 7가지 습관》이라는 책에도 일의 순위를 구분하는 방법이 나온다.

1순위 급하고도 중요한 일
2순위 급하지는 않지만 중요한 일
3순위 급하지만 중요하지 않은 일
4순위 급하지도 않고, 중요하지도 않은 일

그런데 이 내용을 대부분의 사람은 이미 알고 있다. 책을 보지 않은 사람들도 알고 있고, 누구나 알고 있는 내용이다. 그런데 알고도 실천이 쉽지 않은 이유는 눈에 보이게 적어 보지 않아서 그렇다.
정말 하루 일과를 적으면서 1~4순위까지 나눠 보는 사람이 과연 몇이나 될까?
실제로 필자에게 상담을 받고 직접 적어 보고, 적는 것을 습관을 들이라는 이야기를 들었던 사람들 100명 중에 1명이 간신히 실천할 만한 수치이다.
그렇기 때문에 대부분의 사람들은 자신이 원하는 것을 못 얻고 적당한 합리화를 하면서 포기해 버리고 마는 것이다.

이 책은 그냥 이론을 제시하는 책이 아니다. 읽고 그대로 따라서 실천만 하면 자신의 인생을 변화시켜 줄 수 있는 책이다. 그런 내용을 쓰고 있는 것이 타 책들과의 차별점이다.

필자 역시 해 봤다. 하루에 할 일들 10~20가지를 적고 1순위, 2순위 위주로 하루를 보내는 삶을 몇 년 아니 몇십 년간 해 왔다. 지금도 역시 그러하고 있다. 필자가 직접 일간 스케줄을 어떻게 작성했는지는 후에 자세히 기술하겠다.

어느 정도 정리를 해 보자면 어떤 새로운 것 또는 자신이 하는 분야에서 실력을 업그레이드하고 실적을 끌어올리고 싶다면 반드시 노력이라는 것을 해야 하고, 그 노력에는 시간이 필요로 하게 된다. 그러면 똑같은 24시간의 하루를 살아가는 데 어떻게 시간을 확보하고, 어떻게 시간을 모아서 자신에게 이롭게 쓸 수 있는지를 알려 주는 내용을 이 장에서 적었다.

그렇게 하루 이틀 확보한 시간이 1년(365일)이 지나고 5년이 지난다면 어떤 결과가 일어나는지 역시 기술해 놓았다. 그 누구라도 이 책의 내용대로 움직인다면 반드시 본인이 원하는 것을 얻을 수 있다고 200% 장담한다.

시간을 잡고 시간을 지배하는 사람이 되길 바란다.

2-7 말보다 실천이다.

필자의 철학 중 1번이 '말보다 실천'이다.

지금까지 들었던 내용, 배웠던 내용을 알고 있는 것은 그냥 알고 있는 것뿐이다. 중요한 것은 알고 있고 배웠을 백 마디 말보다 한 번의 실천이 중요하다.

백문이 불여일견(百聞不如一見)
백 번 듣는 것보다 한 번 보는 것이 낫고,
한 번 보는 것보다 한 번 해 보는 것이 훨씬 낫다.
무엇이든지 스스로 경험해야 제대로 알 수 있다는 뜻이다.

이런 내용노 "다 알고 있어. 나 들어 봤어. 다 해 봤이."라고 말하는 것이 정말 자신의 정신을 갉아먹는 핵심 3인방이다.

움직임만이 답이다. 실천만이 답이다. 해 봐도 안되었으면 방법을 달리하고, 더 구체적으로 세밀히 실천을 해 봤으면 분명히 정답을 얻게 되었을 것이다.

살면서 배운 내용, 이 책에서 읽은 내용들을 한 가지라도 실천을 해 보는 것을 강력히 추천한다.

내 방에 있는 쓰레기는 내가 움직여서 버리지 않으면 평생 가도 그 자리에 있다. 평생 생각으로만 '저 쓰레기가 없어졌으면 좋겠다. 저 쓰레기를 누군가가 치워 줬으면 좋겠다.' 하면 평생 쓰레기는 그 자리이다. 그러나 내가 잠깐의 시간으로 쓰레기를 치워 버리는 그 순간 바뀌어 버리는 것이다. 이것이 실천의 힘이고, 실천만이 나의 삶을 바꿔 줄 수 있는 것이다.

비즈니스를 하는 중에 "나는 신뢰를 중요시하는 사람입니다."라고 열심히 자기 PR을 하는 사람이 있다. 그 말을 무시하는 것은 아니지만 그 사람의 행동을 자세히 살펴보면 해당 말이 맞는지 아닌지는 금세 드러나게 되어 있다. 신뢰는 약속을 기반으로 하는 것이니, 시간 약속을 대하는 자세만 봐도 답은 나온다.

약속 시간에 간혹 늦으면서 신뢰를 이야기한다? 필자는 시간 약속을 상습적으로 안 지키는 사람을 기본적으로 믿지 않는다. 또 약속을 까먹고 안 지키는 사람이 신뢰 어쩌고 운운하면 애초에 해당 이야기를 안 듣고, 그 사람 또한 안 만난다.

지금 당장은 뭔가 도움이 되고 돈을 벌 수 있겠지만, 그 사람과의 관계에서 분명 언젠가는 문제가 생기게 되어 있다.

15년간 세일즈를 통해서 직장인부터 CEO에 이르기까지 수많은 사람들을 만나 봤을 때 직급적으로 높은 위치에 있는 사람들은 왜 그 위치에 있는지 그 사람의 행동을 보면 저절로 이해가 되고 납득이 되는 경우가 많았다.

　남들 먹고 자고 놀러 다니고 편하게 지낼 때, 그 사람은 실천을 한 것이다.

　바이올리니스트? 내가 '나도 바이올린 배우고 싶은데.' 하면서 자고 있을 때 손 아파 가며, 눈물 흘리며 바이올린 연습을 실천한 사람이다.

　프로 골퍼? 내가 스크린 골프를 하며 동료들과 어울리고 있을 때, 손, 허리, 어깨, 팔꿈치 아파 가며 골프를 한 사람이다.

　가수? 아이돌? 내가 그냥 노래방에서 놀고 있을 때, 안무 연습, 표정 연습, 발성 연습, 성대 결절, 연습 또 연습한 사람이다.

　그렇다고 지금 놀고 있고, 맛있는 음식 먹으러 다니고 있는 자신이 나쁘다는 이야기는 절대 아니다. 그러나 무엇인가 하고 싶고, 되고 싶다면 마음만 가지고는 그 어떤 일도 일어나지 않는다는 것을 말하는 것이다. 굳이 시기, 질투, 시샘할 필요가 없다. 헐뜯을 필요가 없다는 것이다.
　그 사람의 행동과 마음가짐이 그 결과를 만든 것이다.

　필자가 좋아하는 말이 있다.

지지지중지(之之之中知)
가고 가고 가다 보면 알게 되고,
행행행중성(行行行中成)
행하고 행하고 또 행하다 보면 이루게 된다.

무엇인가 하고자 한다면 너무 큰 결심이나 굳은 각오도 좋지만, 묵묵히 하나씩 하나씩 또는 조금씩 조금씩 하지만 포기하지 말고 하다 보면 어느새 행하고 있는 자신을 발견하게 될 것이고, 그렇게 시간과 세월이 흐르다 보면 이루어진 자신을 발견하게 될 것이다.

대신! 이 모든 것은 앉아서 상상한 것이 아니라, 실천을 했을 때를 두고 이야기하는 것이다.

간혹 이만큼 이야기를 했음에도 불구하고 또 질문을 하는 사람들이 있다.

이번에는 그런 사람들을 위해서 코멘트를 달아 보겠다.

정말 필요성은 인지하고, 해당 행동을 꼭 하고 싶고, 자신은 절실한데, 자신의 삶을 쳐다보면 도저히 시간이 없어서 해당 행동을 못하고 있다는 사람들을 만날 수 있다.

"나는 정말 하고 싶은 것이 많은데 시간이 부족해요."라고 말하는 사람들을 위해 24시간이라는 동일한 시간이 주어지는데 어떻게 하면 24시간을 30시간처럼 쓸 수 있는지에 대해서 다음 장에서 이야기하겠다.

  이 방법을 알고 실천만 할 수 있다면 5년 뒤 해당 분야에서 10년 동안 했던 사람을 앞질러 가 있는 자신을 발견하게 될 것이다.

  앞질러 간 사람이 되었다고? 그러면 그 다음은 어떻게 하냐고? 다음 장에서 자세히 이야기하겠다.

2-8 그때는 맞고 지금은 틀리다.

절대적으로 공부를 해야 한다. 지금 당신이 쓰는 예시와 비유 등의 설명 방법은 지금 당장은 먹히겠지만, 1~2년만 지나도 옛날 예시가 되어 버린다.

2022년 그렇게 많이 들었던 '블록체인', '메타' 관련 언어들이 2023년 들어서 쏙 들어가 버렸다. 지금은 블록체인의 단어만 해도 올드(Old)하다고 생각하거나 시대를 못 따라온다고 생각하고 있다.
시대를 떠들썩하게 했던 키워드조차도 1~2년이 수명인데 하물며 본인이 알고 있는 지식의 수명은 더 짧을 것이다.

'지금 잘되니깐 계속 밀고 나가야지, 내가 왜 바꿔야해?'라고 생각을 한다면 결국 한계점을 맞게 될 것이다.
프로 운동선수들을 보면 시대가 변하면서 끊임없이 자신의 자세 등을 바꾸고 있다. 지식은 업그레이드되는데 계속 작년의 잘되었던 자신만의 자세와 지식을 고집하게 된다면 머지않아 하위권으로 뒤처지게 되는 것이다.

대표적으로 한때 골프 세계 랭킹 1위 선수인 고진영 프로만 보더라도 정말 감탄할 수밖에 없다. 세계 랭킹 1위를 계속해 나가는 중에도 자신의 스윙을 끊임없이 업그레이드하고 레슨을 받고 있다. 정말 존경스럽다는 말이 절로 나온다.

이렇게 세계 랭킹 1위에 있는 선수도 끊임없이 자신을 업그레이드하고 있다. 이것을 보고 자신의 상황도 지식도 변화하길 바란다.

지금 맞다고 앞으로도 맞는 것은 아니다. 중요한 것은 끊임없는 변화를 해 나가야 한다는 것이다.

고인물은 지금 당장은 아닐지라도 언젠가는 썩게 되어 있다. 흐르는 물이 되라는 이야기다.

2-9 지피지기 백전백승. 자신에 대해서 알아라.

MBTI, DISC, 혈액형, 성격 분석 등을 통해 자신을 필히 알아야 한다. 자기 자신을 알지 못하는데 어떤 일을 할까? 어떤 일을 할 수 있을까?

지피지기 백전백승(知彼知己 百戰百勝)
너를 알고 나를 알면 백 번 싸워서 백 번을 이긴다

수신제가 치국평천하(修身齊家治國平天下)
몸과 마음을 닦아 수양하고 집안을 가지런하게 하며
나라를 다스리고 천하를 평한다

너 자신을 알라
소크라테스

전 세계적으로 인생의 명언들이다.

자신을 알지 못하면 자신을 다스릴 수가 없고, 자신도 못 다스리는 사람이 어떻게 고객과 가족과 팀과 그룹을 다스리겠는가.

그러면 자신을 어떻게 다스릴 수 있겠는가? 그래서 자신을 알아야 한다는 것이다. 멀리서 찾을 필요 없이 MBTI 검사만 해 봐도 자신의 성향과 장단점, 강·약점이 나오게 된다. 100% 믿을 필요는 없지만 70~80%는 알고 가야 한다.

MBTI뿐만 아니라 예전부터 많이 사용되던 DISC(디스크)검사도 있다. MBTI와 비슷한 형태이다.

그 외에도 수많은 성격 분석 검사들이 있다. 혈액형, 유료 성격 분석, 철학원 등을 통해서 자신을 얼마든지 알 수가 있는 것이다.

영업 사원들에게 많이 볼 수 있는 패턴이다. 영업은 그냥 열심히 돌아다니고, 접대하고, 술을 잘 먹으면 잘된다고 생각하는 것이다. 물론 이 방법이 자신과 맞는 사람이 있겠지만, 반대로 자신과 전혀 맞지 않는 사람들도 있다.

뱁새가 황새를 쫓아가면 가랑이 찢어진다는 말이 있듯이, 자신이 황새인지 뱁새인지 알고 그에 맞는 날갯짓이 있는데 그런 것도 무시하고 모두가 황새인 줄 알고 착각하는 것이다.

다니면서 움직이는 영업이 있는 반면에 모바일이나 SNS를 활용한 영업도 맞는 것이다. 접대를 통한 영업도 맞지만, 접대를 안 해도 영업을 잘하는 사람이 더 많다는 사실은 우리 귀에 안 들어온다.

필자역시 수십 년간 세일즈 분야에 있으면서 접대를 통해서 실적이 상위권에 있는 사람보다는 접대 없이도 실적이 상위권에 있는 사람이 월등히 많았으며 수명도 훨씬 길었다.

강의 또는 세미나를 통해서 수익 창출을 잘하는 영업 사원이 있고, 엄청난 활동량을 통해서 수익 창출하는 영업 사원도 있고, 이야기를 이끌어 가면서 수익 창출, 반대로 이야기를 들어 주면서 수익 창출하는 정말 다양한 영업 사원들이 있다.

영업의 달인들에게 들어 보면 정답은 없지만 공통점은 있다. 자신의 스타일을 정확하게 알고 자신이 할 수 있는 것에는 집중하면서 자신이 할 수 없는 것을 요구하는 고객에게는 'NO'를 말한다는 것이다. 'NO' 하는 것을 두려워하지 않는다는 것이다.

그래서 자신에 대해서 알아야 자신이 좋아하는 것을 가지고 비즈니스에 접목시켜서 좋은 성과를 내는 것이고, 자신이 싫어하는 것에 대해서는 알아야 거절을 할 수 있는 것이다. 거절을 해야 자신의 일에 더욱 집중할 수도 있는 것이다.

보다 철학적인 이야기인 것 같지만 정말 중요한 것이 자신에 대해서 구체적으로 아는 것이라고 할 수 있겠다.

Part 3.

비즈니스 &
세일즈의 4단계
프로세스

3-1 1단계 준비와 접근(Approach)
& 경계심 허물기(Ice Breaking)

1. 만나는 상대가 누구인지 제대로 알기

첫 단추를 잘 끼우는 것이 가장 중요하다.
이 말은 내가 만나는 상대가 누구인지, 어떤 입장인지를 정확하게 알고 만나야 한다는 뜻이다.

한 예로, 상대가 결정권자인지 아닌지를 알고 가는 것은 너무나 중요한 부분이다. 실제로 상대가 결정권자도 아니고 다리를 놔 줄 수도 없는 사람인데 '이 사람과 좋은 관계를 계속 맺어 나가면 언젠가 잘되겠지.'라고 생각하고 열심히 시간 투자를 하는 경우가 정말 많다. 타깃 설정이 잘못되었으니 그 뒤의 결과는 안 봐도 뻔하지 않겠는가?

사격 또는 양궁 선수가 과녁을 잘못 선택했다면? 골퍼가 좌우 그린을 착각했다면? 변명의 여지가 없다. 그리고 그 뒤는 볼 것도 없다. 그냥 끝난 것이다.

예를 들어, 도곡동 타워팰리스를 판매하기 위해 영업 사원이 열심히 사회 초년생들에게 설명하고 그들을 만나면서 밥도 사고 시간도 들이면서 노력해 봐야 헛일이라는 것이다. 그런데 '이렇게 열심히 일하다 보면 언젠가 좋은 사람이 연결되겠지.'라는 막연한 기대감에 사로잡혀 일을 하고 있는 영업 사원들을 꽤 많이 만나볼 수 있다.

애초에 타깃 설정이 잘못되어 있는 것과 같다고 할 수 있겠다. 엉뚱한 표적을 타깃으로 하고 있다는 것이다. 결과는? 뻔하지 않겠는가!

그래서 누구를 만나야 하는지, 누구에게 시간과 에너지를 써야 하는지 간단히 정리해 보았다.

순위	대상
1순위	결정권자
2순위	결정권자의 배우자 또는 가족
3순위	결정권자는 아니지만, 다리를 놔 줄 수 있는 자
4순위	1, 2, 3순위에 안 들어가는 모든 사람

절대 기억해야 할 것은 4순위에 시간을 투자하지 말 것.

핵심은 1순위와 2순위를 만나서 시간을 투자해야 한다는 것이다. 1, 2순위가 아니면 한계가 있다. 1, 2순위를 만나도 쉽지가 않은데, 정말 신기하게도 대부분의 세일즈맨들은 3, 4순위에 70%이상의 에너지를 투자한다는 것을 어렵지 않게 발견할 수 있다. "왜? 진짜? 세일즈를 하는 사람들이 정말 그렇게 행동한다고?"라고 묻고 싶겠지만, 정말 사실이다. 왜? 이유가 무엇일까?

여러 이유가 있고, 이 말을 부인하고 싶겠지만 정확한 사실은 1, 2순위에 있는 사람들을 만나기가 마음속에서 두려운 것이다. 정면 도전할 용기가 없거나, 자신의 실력이 부족하거나, 실패에 대한 두려움 또는 그런 실패의 경험을 하고 싶지 않기에 도전을 망설이는 경우가 많다. 그러면서 1, 2순위에 있는 사람들을 희망 계약 리스트에 올려놓고, '3, 4순위에 있는 사람들과 소통하고 잘 지내다 보면 언젠가 잘되겠지~'라고 생각하며 위안 삼으며 살아가게 된다.

이는 부산으로 여행을 가야 하는데, 목포 쪽으로 가면서 '가다 보면 언젠가 부산이 나오겠지~' 하고 여행을 출발하는 것과 같은 이치라고 할 수 있겠다.

말은 맞다. 목포 쪽으로 가다 보면 언젠가는 부산에 도착은 할 수 있다. 핵심은 '언젠가는'이라는 것이다. 애초에 부산 쪽으로 가면 쉽게 끝나는 일인데, 왜 굳이 목포 쪽으로 가면서 부산이 나오길 바라는가?

물론 이렇게 여행을 하는 사람은 없다. 그런데 왜 세일즈 또는 영업은 이렇게 하는 사람들이 많은 건가? 지금 이 글을 읽는 본인은 아니라고 생각하겠지만, 본인도 해당된다고 자신 있게 이야기할 수 있겠다.

그리고 이렇게 행동하는 데 있어서 핵심이 무엇인가 하면,

3, 4순위에 있는 사람들은 물건 등의 구매 당사자가 아니기에 이야기를 잘 들어 주고, 경계심이 없고 자신에게 우호적이어서 그렇

다. 그래서 영업 사원들이 만나면 편한 것이다. 그리고 착각을 한다. 1, 2순위를 만나서 받는 거절과 질문과 눈빛…. 이런 모든 것이 두려운 것이다. 3, 4순위의 사람들은 좋은 말만 해 주고, 잘 들어 주고 하니 좋은 것이다. 그래서 착각을 하기 시작한다. '이렇게 열심히 이 사람(3, 4순위)을 만나다 보면 언젠가는 잘되겠지~'라고.

물론 말은 맞다. 아니, 말만 맞다.
그렇지만 '언젠가는'이 대체 언제인가?

세일즈 명언 중에 "팔지 않으면 어떤 것도 팔리지 않는다."라는 말이 있다. 하지만 여기에는 '누구에게?'가 빠졌다. 결정권자에게 팔지 않으면 어떤 것도 팔리지 않는다는 것이다.
언젠가는 잘되겠지? 절대 아니다. 영원히 안 된다고 말하고 싶다.
1순위, 2순위를 정확하게 잘 정해서 거기에 에너지를 쏟아 부어라. 실력이 부족하면 보완히고, 실패에 대한 두려움을 '자산'이라고 생각을 바꾸고 도전하여라. 실패 없이 얻는 성공은 없다. 그러니 핵심 인물에게 도전해라. 거기에서 얻는 실패는 참으로 값진 경험이다. 돈 주고도 살 수 없는 경험이기에 많이 도전하고 많이 실패하면 많은 성공을 이룰 것이다.

2. 전화부터 시작되는 Meeting(전화하는 방법을 배워라)

전화의 핵심은 '약속 잡기', '미리 일정 확인하기'이다.

상대가 정해졌다면 그다음은 전화를 할 것이다. 명심해라. 전화로 많은 이야기를 해서도 안 되고, 하려고 해도 안 된다. 모든 것은 만나서 시작하는 것이다. 그리고 약속을 잡았으면 주저리주저리 이야기하지 말고, 그냥 간단한 인사 정도만 하고 끊어라. 특히 중요한 미팅일수록 전화로 많은 것을 이야기하려고 하면 안 된다.

아직도 많은 세일즈 영역에 있는 사람들이 전화를 걸어서 오늘 날씨가 어떻고, 골프가 어떻고 주저리주저리 이야기하고 있는 모습을 많이 볼 수 있다. 예나 지금이나 통용되는 공통된 핵심은 아래의 수식이라고 할 수 있겠다.

BEST 전화 = 간단한 안부 + 용건 또는 약속 잡기

그리고 다이어리 또는 최소한의 본인의 일정은 확인하고 약속을 잡아야 하는데, 그런 것을 하지 않고 약속만 정하고 전화를 끊은 후에, 아차 싶어 다시 전화해서 "죄송합니다. 그날 다른 일정이 있었네요."하면서 변경을 요구하는, 말도 안 되는 아마추어적인 행동은 절대 하지 마라.

전화의 핵심은 약속잡기, 일정은 미리 확인하기이다. 생각보다 이런 기본들을 안 지키는 사람들이 정말 많다. 누구나 방금 전에 통화하고 일정을 변경하자고 하는 전화를 한 번쯤은 받아 보았을 것이다. 이때 속마음은 '일정 확인 좀 하고 전화할 것이지…'라는 부정적인 생각(Mind)이 남아 있게 된다. 그래서 다이어리를 펴고 통화하길 추천한다.

3. 고객을 만날 때 – 정상이 정상이다.

1) 첫인상을 통해 고객의 뇌 속으로 나의 이미지가 각인되기까지는 3초도 안 걸린다. "보기 좋은 떡이 먹기도 좋다."라는 말처럼, 깔끔하게 차려입는 것은 기본이며 상대에 대한 배려이자 스스로에 대한 몸가짐이다.

명품으로 무장하라는 것이 아니다. 머리부터 발끝까지 신경을 써서 이왕이면 깔끔하게, 얼굴은 웃는 얼굴 또는 밝은 얼굴로 만나라는 것이다.

2) 그런데 현장에서 많은 사람들을 만나 보면, 머리가 부스스하거나, 수염이 덥수룩하고(의도적으로 잘 가꾼 수염은 예외로 둠), 구두나 신발이 지저분한 상태로 미팅 장소에 나오는 사람들이 정말 많다. 그리고 개성을 중요시한다며 힙한 스타일로 나오는 사람, 더운 여름 너무 부담스럽게 정장 풀 세팅을 하고 나와서 땀을 삐질삐질 흘리는 사람, 가방에 엄청나게 많은 자료를 넣어서 보기만 해도 숨이 턱턱 막히는 사람. 절대로 과유불급이다.

오늘 처음 만나서 모든 상황에 끝장을 보려고 하는 이런 마음가짐과 행동 또한 마이너스이다.

보험업계 신입사원들에게 많이 볼 수 있는 상황을 예로 들어 보자. 엄청나게 많은 자료가 담긴 두툼한 가방, 날씨와 맞지 않는 정장,

방문처의 환경과 맞지 않는 복장, 어색하고 손발이 오그라드는 멘트, 명품 볼펜, 명품 가방. 이정도만 이야기해도 모두 어느 정도 상상이 될 것이다.

이렇게 해야 한다고 교육을 시키는 지점장, 또는 팀장이라고 하는 관리자들도 문제이지만, 맞는지 안 맞는지 확인도 없이 무작정 따라 하는 신입 사원도 문제인 것이다.

이런 경우는 의도한 것은 아닐 테지만 상대에 대한 배려가 없는 것이라고 이야기할 수 있겠다. 말 그대로 '나' 중심인 것이다. '당신이 어떤 상황에 처해 있던, 어떤 환경에 처해 있던 상관없이 나는 나의 복장과 멘트를 할 것이야.' 하는 배려 없는 마인드의 전형적인 결과물이라 할 수 있겠다.

그리고 더욱 심각한 상황도 있다.

상대가 누구인지도 모르고 미팅에 참석하는 경우다. 자신이 만나는 상내가 남자인지 여자인지도 모르고 만나거나, 나이대도 모르고 미팅 장소에 나가는 경우를 많이 듣고 보게 된다. 정말 상대에 대해서 하나도 관심 없고, 오로지 자기 것을 팔겠다는 생각밖에 없는 사람으로서 기본이 안 되어 있으니, 그 미팅은 기분이 나쁘게 되는 것이다.

많은 영업 사원들이 "내가 멋지게 입어야 심리적으로 밀리지 않는다. 내가 잘나야 상대가 나를 함부로 대하지 않는다."라고 하면서 나름 합리화하는 사람들을 많이 보게 된다. 자신의 가치는 내뿜는 것이 아니라 자연적으로 서서히 드러나게 되어 있으니, 너무 외형적으로 치장을 안 해도 된다고 말하고 싶다.

그래서 '정상이 정상(최고봉)이다.'라는 이야기를 하고 싶다.

3) 같은 질문은 한 번만 해라. 두 번, 세 번, 같은 내용을 묻지 마라. 답답하고, 무시당하는 것 같고, 기분이 나쁘다.

그리고 이왕이면 질문할 내용을 미리 생각해 오고, 가급적이면 개인적인 내용은 많이 안 묻는 편이 좋다. 자연스럽게 개인적인 내용을 이야기하게 된다면 살짝살짝 메모지에 적어라. 고향, 학교, 결혼 유무, 자녀 유무 등의 내용은 꼭 간단하게라도 적어야 한다. 상대는 나에 대해 같은 내용을 두세 번 질문할 수 있지만, 나는 그렇게 해서는 안 된다.

실제로, 10년 동안 자녀가 없는 부부 중 한 명을 만나는데, 아무런 생각 없이 "자녀는 몇 명?" 또는 "몇 살?"이라는 질문을 3번이나 하게 되면서 엄청나게 욕먹었던 필자의 경험이 있었다. 이 경험 당시에는 쓰고도 썼지만, 후회와 반성을 하면서 다시는 이런 상황이 안 나오게 만들었다. 이렇게 성장하는 것 같다.

그런데 정말 묻고 또 묻기. 또, 또, 또 묻는 영업 사원들이 매우 많다. "좀 전에 이야기했잖아~!", "시작할 때 다 이야기했잖아요!", "그

때 다 알려 드렸잖아요.", "제 이야기 안 듣고 계시네요."라는 말을 들어서는 안 된다.

최악은 다른 날도 아니고, 같은 날, 같은 장소에서 두 번, 세 번 같은 내용을 질문하는 것이다. 그것은 상당한 실례이고, 상대에 대한 아무런 생각이 없다는 뜻이다.

개인적인 내용들을 물었다면 비밀리에 메모를 하든지, 휴대폰에 저장을 하든지 수단과 방법을 가리지 말고 기억해라. 동일한 내용의 질문은 한 번이다.

4) Ice Breaking을 위한 준비는 풍성하게.

잘 모르는 고객과의 미팅은 서로 간에 긴장이 되는 것이다. 다른 말로 하자면 '팔고자 하는 나'와 '구매를 할지 말지를 고민하는 고객' 이렇게 있다고도 말할 수 있겠다. 그런 서로의 입장 차이로 인해 고객과 나 사이에는 보이지 않는, 경계심이라는 얼음벽이 있다고 생각을 할 수 있겠나. 그런네 그 경계심이라는 얼음벽을 유지한 채 내가 팔고 싶은 물건에 대해서만 이런저런 이야기를 한다면, 내용도 전달이 안 되고, 냉랭한 분위기에 마음도 움직이지 않는 것이다.

반대로 내가 구매자의 입장이 되기도 한다. 전자 제품 등을 구매할 때 판매 사원이 나의 이야기는 들어 보지도 않고 제품에 대해서만 계속 주저리주저리 이야기를 한다면, 마음은 점점 얼어붙게 되고, 그 자리를 굉장히 불편하게 느끼게 되고, 결국 구매는 하지 않고 나오게 된다.

그래서 공감대를 끌어올리고, 혈연, 지연, 학연, 관심사, 취미 등 상호 소통을 통해 그 얼음벽을 깨 나가는 노력이 필요하기에 만나기 전에 미리 상대의 정보를 풍성하게 확인하고 준비해서 미팅에 참석하라는 것이다. 커뮤니케이션을 하면서 자연스럽게 공통사를 넓혀 나가면 서서히 얼음벽이 녹기도 하고, 깨지기도 한다는 것이다. 이런 단계가 반드시 필요한데 그냥 무시하고 자신의 이야기만 한다면, 형식적으로는 다음 단계로 갈 수 있겠지만, 거기까지다. 겉보기에는 상담이 다음 단계로 넘어가는 것처럼 보일 뿐이다. 그래서 형식적으로 다음 단계로 가는 것을 헷갈려 하거나, 착각하는 경우가 꽤 많다는 것을 기억할 필요가 있다.

고객은 대놓고 거절하지 못하거나, 마지못해 다음 단계의 이야기를 듣는 것일 뿐, 구매할 마음은 전혀 없다는 것을 영업 사원이 눈치채지 못하는 것뿐이다.

그래서 상대의 마음을 먼저 녹이고, 상황을 부드럽게 만드는 것이 우선적으로 진행되어야 하겠다. 당장은 멀리 돌아가는 것처럼 보이겠지만, 이렇게 하는 것이 지름길이다. 조금 더 빨리 내가 하고 싶은 말을 하려고 하겠지만, 그 순간을 참고 상대를 위해 Ice의 벽을 깨는 것에 집중한다면 생각보다 빠르게 쉽게 결실을 맺을 수 있을 것이다.

그리고 또 하나의 주의점은 지인, 친인척처럼 Ice Breaking을 굳이 하지 않아도 되는 상황이 있다는 것이다. 그런데 이런 상황에서도 억지로, 회사에서 교육받은 대로 악착같이 Ice Breaking을 하려고 한다면 이 역시 역효과를 낳는다. 과유불급(過猶不及)이 딱 맞는 표현이라 할 수 있겠다. 눈치껏 Ice Breaking이 필요한 자리와, 굳이 필요하지 않은 자리를 구별하여 움직이는 것이 필요하다.

3-2 2단계 Finding Fact & Finding Needs

Finding Fact & Finding Needs

이 단계의 핵심은 전화 통화를 하고 만나면서 어느 정도 Ice Breaking이 되었다면, 이제는 상대의 Needs를 파악하는 것이다. 그리고 단순히 아는 것에서 끝나는 것이 아니라 왜 그 Needs가 생겼는지를 알아 가는 과정이 Finding Fact이다. 상대의 Needs가 생기게 된 Fact가 무엇인지를 반드시 알아야 한다는 것이다.

항상 기억하여라. 구매의 KEY는 상대가 가지고 있다. 그래서 내가 말을 많이 하는 것보다 상대가 말을 많이 하게 만들어야 한다는 것이다.

상대의 Needs를 알고, 왜 그 Needs가 생기게 되었는지를 알아야 한다. 그러기 위해서는 상대가 말을 많이 하게끔 만들어야 한다. 상대가 말을 많이 하게 만드는 가장 효율적인 방법이 질문이다. 열 마디 말보다 잘 만든 질문 하나가 훨씬 효과적이다. 그리고 질문의 내용을 보면 상대가 얼마나 준비가 되어 있는지 수준을 알 수 있다.

가전제품을 사러 가면 여러 유형의 질문을 들을 수 있다.
"뭐 필요한 거 있으세요?"
"궁금한 거 있으면 이야기해 주세요."

"뭐 보러 오셨나요?"

이런 개방형의 질문 또는 갑갑한 질문을 하는 판매 사원들을 많이 볼 수 있다. 고객이 도망갈 구멍이 너무나도 많다.

이런 질문보다는 보다 구체적으로 질문하는 것이 좋다.

TV 쪽에서 머물러 있는 고객에게 "TV 보러 오셨나 봐요."보다는 "어디에서 보실 TV를 찾으시나요?" 또는 "거실에서 볼 TV를 찾으시나요? 방에서 볼 TV를 찾으시나요?" 하는 질문이 훨씬 효과적이다. 질문을 통해서 자꾸 범위를 좁혀 주는 것이 중요하다.

구매의 핵심이 되는 KEY를 상대가 쉽게 보여 주겠는가! 준비된 사람인지, 본인과 대화가 되는지를 보고 KEY를 슬쩍슬쩍 보여 주는 것이다. 그래서 질문을 잘 준비해야 한다. 질문은 굉장히 중요하다. 질문을 잘하려면 상대에게 관심을 두고, 상대의 머릿속으로 들어가야 한다. 상대가 경계심을 허물고 나에게 이런저런 이야기를 많이 하게 만들어야 한다. 그런데 그냥 맹목적으로 상대가 말을 많이 하게 되면 그것은 잡담(cheat)으로 끝날 확률이 높다.

그래서 질문을 준비해야 하는 것이다. 핵심 내용에서 벗어날 것 같으면 질문을 통해서 다시 핵심으로 들어오게 하는 것이다. 그래서 핵심 속에서 이야기를 하고, 핵심의 핵심을 파고들다 보면 자연스럽게 KEY가 보이는 것이다.

그 KEY를 찾아야 비로소 다음 단계인 Needs 끌어올리기를 할 수 있다.

KEY를 가지고 Needs를 증폭시키는 단계로 가야 한다. KEY를 모르고서는 남의 다리 긁는 것과 같은 상황이 발생한다. 얼마나 답답한 상황인가!

Needs를 어떻게 끌어올릴까?

한 손에는 예시, 한 손에는 비유로 무장하라.

KEY를 찾았다면, 나의 제품 또는 서비스가 당신에게 얼마나 필요한지를 설명하는 것에는 예시와 비유만큼 좋은 것은 없을 것이다. 이미 한 손에는 수많은 사례와 예시로, 또 다른 한 손에는 비유로 무장되어 있어야 한다.

비유를 어떻게 해야 하는지도 모르는 영업 사원도 많고, 전혀 어울리지 않는 비유를 하는 영업 사원도 많다.
비유는 상대방의 하는 일(직업 등)을 가지고 비유를 하면 가장 좋을 것이다. 그래야 이해도 빨리 된다. 특히 상대의 직업으로 비유한 예시는 최상의 전략이다. Needs를 끌어올리는 것에는 다양한 경험과 사례가 도움이 될 것이다.
신입 사원이거나 연륜이 오래되지 않았다고 걱정할 것은 없다. 본인이 물건 구매할 때를 생각해 보라. 스마트폰을 구입할 때 어떻게 했는지, TV를 살 때는 어떻게 했고, 어떤 말에 귀가 솔깃했는지, 옷을 살 때는 점원의 어떤 멘트에 지갑이 열렸는지 이런 경험들을 기억하고 역지사지로 상황에 대응해 본다면 베테랑 못지않은 실력을 발휘하게 될 것이다.

그리고 이때는 매뉴얼, 스킬 이런 것보다는 진솔해지는 것이 효과가 있다고 할 수 있겠다. 실적이나 판매 마진보다는 자신의 솔직한 마음을 이야기하는 편이 훨씬 도움이 될 것이다.

3-3 3단계 프레젠테이션(Presentation)

타깃(Target)을 잘 설정하고, Ice Breaking을 마치고 Fact인 KEY를 찾고 Needs를 부각했다면 그 다음은 프레젠테이션(PT) 단계로 접어들 것이다.

이 단계에서 정말로 많은 사람들이 착각하는 것이 있다. 프레젠테이션을 할 때, 열심히 상세 내용, 사용 설명서에 있는 내용 등을 나열하며 읽어 나가는 것이다.

프레젠테이션의 핵심

프레젠테이션은 단순한 설명서의 내용 또는 상세 스펙을 나열하는 시간이 아니다. 당신이 이 물건 또는 상품을 계약함으로써 얻어지는 좋은 점(Benefit)을 확실하게 보여 주는 것이다. 그 좋은 점을 눈앞에 펼쳐 주는 것이다.

아이폰의 프레젠테이션을 참고하길 바란다. 많은 글을 적어 놓는 것이 아니라 핵심적인 설명과 더불어 아이폰을 구입했을 때 당신의 삶이 어떻게 변하게 되는지를 보여 주며 구매자들의 상상력을 풍부하게 해 주며 감성적으로 바뀌게 해 준다. 아이폰을 구입했을 때의 본인을 생각하며 상상 속에 날아다닐 수 있게 해 주는 것이다. 프레젠테이션의 핵심을 정확하게 알고 있는 것이다.

많은 실수의 사례 중에 PT로 스펙을 열심히 나열하고 설명하는 경우를 정말 많이 볼 수 있다. 이 물건은 치수가 어떻고, 크기와 무게는 어떻고, 내부의 소프트웨어와 하드웨어는 어떤 것을 쓰고, 어쩌고저쩌고하는 PT가 정말 많다.

물론 간혹 스펙을 보고 구입하는 경우도 있지만, 통상의 상황으로 보고 판단해 보면 PT라는 것의 핵심은 이 물건을 샀을 때 상대방이 얻는 이익(혜택)이 무엇인지를 눈앞에 그려 주는 것이다. 눈앞에 그려 주는 것, 상상의 나래를 펴게 해 주는 것, 현실에서 어떻게 사용되는지를 리얼하게 묘사해 주고, 상상시켜 주는 것이다.

이것이 프레젠테이션의 핵심인 것이다. 이것에 집중해야 한다. 직접 경험이나 간접 경험을 활용해도 좋고, 다양한 자료를 활용하는 것도 좋다. 이성적이거나 감성적인 이야기를 해도 좋다. 중요한 것은 스펙 설명은 아니라는 것이다.

이성과 감성적인 설명의 균형 이루기

이미 이성적인 설명은 대부분 F/F와 Needs 끌어올리기 단계에서 끝났다. 그러면 PT에는 보다 감성적인 내용이 많이 나와야 한다.

대부분 계약 또는 실행을 앞두고 자기 속마음을 많이 이야기한다. "내가 남들한테 이런 거 얘기 안 하는데…." 하면서 주저리주저리 속마음 이야기를 하고, 넋두리 들어 주어서 고맙다고 인사해 준다.

이런 분위기가 이어질 때 최종 계약의 성사율은 높아지고 있다고 할 수 있겠다. 이미 구매할지 말지는 생각에서 끝이 났다. 그러기에 프레젠테이션 자리에 나와 있는 것이고, 최소한의 확인 정도만 하면 되는 상황으로 앉아 있는 것이다. 구매의 마음이 거의 없다면, 애초에 프레젠테이션 자리에 나오지 않았을 것이다.

 당신이 원하는 것과 내가 가지고 있는 것이 하나가 될 때 당신의 인생은 변화하게 된다. 변화한 새로운 세상이 펼쳐지는 것을 보여 줘야 한다. 이런 이점(Benefit)이 없다면 왜 너희 제품 또는 상품, 서비스를 구매하겠는가? 이것을 구체적으로 눈앞에 그리듯 보여 줘야 하는 것이다.

3-4 4단계 클로징(Closing) & 소개 요청

"지금부터 계약을 시작하겠습니다."

이제 프레젠테이션까지 끝을 냈다면 남은 것은 계약서에 사인하는 것이다. 이 단계에서는 절대적으로 조심해야 할 것이 있다. 그것은 바로 '지금부터 계약을 시작하겠습니다.'라는 분위기를 조성하는 것이다.

그렇게 되면 상대와의 분위기는 왠지 모르게 서서히 굳어지고, 구매를 할까 말까 순간 고민을 하게 된다. 이때 많은 질문과 거절, 이유와 핑계 또는 구매를 안 하려는 합리화를 내세울 것이다. 전문 용어로 거절 처리라고 하는 단계에 부딪히게 된다.

이때 영업 사원의 핵심 자세는 이 거절을 당연한 단계로 인식하고 대응을 하는 것이다. '고객이 시금까지 이린 말 없디기 왜 갑자기 이런 거절의 반응을 보이는 거지?' 하고 당황하면 안 된다는 것이다. 이런 상황을 대비해 놔야 한다. 거절은 당연한 것이다. 질문도 당연한 것이다. 큰일 날 것 같은 자세를 취할 필요는 없다. 정상적인 프로세스를 거친 자리라면 거절의 내용들은 많아야 2~3가지 정도일 것이다. 자연스럽게 대화로 풀어 나가다 보면 끝이 날 것이고, 사인을 하게 될 것이다.

그러니 중요한 나의 자세는 거절에 당황하거나 기분 나쁘게 생각하지 말고, 당연한 것으로 받아들이고 그런 내용을 자연스럽게 처리해 나가기 위해 멘트와 자료들을 준비해 놓는 것이다.

그리고 더욱 세일즈의 고수들은 거절이 나와서 고민하는 것이 아니라, 거절할 만한 사유들은 이야기 속에 끝내 놓아서 딱히 거절할 사유가 없게 만드는 것이다. 그와 더불어 계약서 등은 미리 준비를 해 놓고 프레젠테이션과 후속 이야기를 나누면서 자연스럽게 사인을 하게끔 하는 것이다.

모든 업무의 끝은 실행하는 것이다. 물건도 돈을 주고 구매를 해야 내 것이 되는 것처럼. 계약을 하지 않으면 아무것도 되는 것이 없다는 것을 강조하는 것이다.

사인을 하고 당신의 고민을 내가 가지고 갈까요?
사인을 미루고, 당신의 고민은 당신이 가지고 계실래요?

이런 입장으로 마무리 사인 즉 Closing을 해야 하는 것이다.

그리고 팁으로 세일즈에 많이 쓰이는 매직 워드를 알려 주면, "저라면 이렇게 하겠습니다. 제 부모님이라면 이런 물건을 사 드릴 것입니다. 제 형이라면 이거 무조건 사라고 할 것입니다."라는 멘트를 많이 들었을 것이다. 이 멘트들을 연습해 두면 아주 많은 도움이 될 것이다.

제 아버지라면 이 차를 구매하라고 하겠습니다.

제 가족이라면 A라는 핸드폰 대신 B를 사게끔 할 것입니다.

그렇게 Closing이 마무리되었다면 그냥 악수하고 밥을 먹거나 헤어져서는 안 된다. 하나의 과정이 더 남아 있다. 소개 요청이다. 마무리 단계 또는 중간 단계에서도 괜찮다. 중요한 것은 반드시 소개 요청이 들어가야 한다는 점이다.

소개의 힘은 실로 강력하다. 앞서 언급한 어프로치(Approach), Ice Breaking을 쉽게 뛰어넘어 버리게 된다. 그리고 클로징(Closing)까지 쉽게 갈 수 있는 장점을 가지고 있다. "A라는 사람이 계약한 대로 나도 해 주세요.", "A라는 사람이 구매한 것 나도 주세요.", "A라는 사람이 하라는 대로 할게요."라는 상황이 벌어지게 되는 것이다.

그래서 비즈니스에서 소개를 받는 것은 매우 중요하다. 필자 역시 모든 고객을 소개로 만나게 되었다. 소개의 위력은 참으로 강력하다.

그리고 누구한테 소개를 받았는지는 더욱 강력한 핵심이라고 할 수 있겠다. 위에 설명했듯이 결정권자에게 소개를 받는다면 정말 Best라고 이야기하고 싶다. 결정권자의 소개로부터 이어지는 다른 잠재 고객과의 미팅은 기본 50% 이상은 먹고 들어가기에 아주 좋은 분위기에서 상담이 이어지게 되고 결실로 마무리되기도 한결 쉽다. 그만큼 소개가 강력하기에 할 수만 있으면 소개를 받아야 한다. 그리고 추가로 팁을 붙이자면 스스로가 비즈니스에서 자신이 있으면 꼭 마지막에 Closing을 한 후에 소개 요청이 아니라, 한두 번 만났을 때부터 소개를 요청하는 것이다. 소개는 요청하는 자의 것이다. 그리고 소개 요청은 자신감의 우회적 표현이기도 하다.

자신이 사용하는 자료들을 끊임없이 Upgrade

공공 기관의 강의, 예비군 교육, 민방위 교육 자료, 자기 계발 강사 등등 수많은 사람의 PT 자료 또는 참고 자료들을 보면 5년 이상, 또는 10년 이상 된 자료들을 정말 많이 볼 수 있다. 도대체 몇 년을, 몇 번을 우려먹는지. 사골도 아니고.

그 자료를 만든 당시는 최신의 언어와 분위기를 녹여 낸 자료일 수도 있겠지만, 급변하는 시대에 1~2년만 지나도 올드해지고 만다. 시대의 언어적 유행, 말투, 용어, 표현 방법 등이 빠르게 변하고 있기에 본인이 설명하는 파일들을 중간중간 꼭 업그레이드해야 한다.

그리고 자료도 업그레이드해야 함과 동시에 본인의 외모와 복장 또한 시대가 바뀌고, 소득이 바뀌면 조금씩 업그레이드를 해야 한다. 옷은 유행이 있기 마련이다. 그래서 유행을 안 타는 옷을 구입하든지, 아니면 유행에 맞게 조금씩 옷을 바꿔 주는 것이 좋다.

또한 본인이 사용하는 자료, 강의 때 사용하는 언어, 비유, 예시들이 지금까지는 잘 들어맞을 수 있지만, 지금이 맞는다고 3년 뒤, 5년 뒤에도 통할 것이라는 생각은 큰 오산이다. 조금씩 조금씩, 끊임없이 업그레이드를 해야 한다. 한두 마디, 한두 줄, 1~2분만 들어 보면 상대의 수준과 준비성을 바로 알 수 있는 것이다.

이런 것이 세일즈에만 적용되는 것이 아니다.

골프만 하더라도 매년 스윙 또는 레슨의 개념이 바뀌고 있는 것을 알 수 있다. 국민적 영웅인 박세리 선수의 현역 시절의 스윙과 지금의 스윙은 완전히 다르고, 몇 년 전과 지금의 스윙학개론은 또 달라지고 있는 것을 알 수 있다. 기타 모든 스포츠 또한 그러하다. 끊임없이 날마다 발전해 나가고 있는 것이다.

그렇기에 세일즈, 영업, 상담, 강의 등 모든 분야 또한 날마다 발전해 나가야 한다. 유행은 빠르게 변해 가고 있고, 언어의 분위기도 바뀌고 있기에 자신이 사용하는 모든 것들은 항상 업그레이드를 해 나가야 한다.

우리는 정보 지식을 자본으로 한 3차 산업 시대를 넘어 4차 산업 시대를 맞고 있다. 앞으로 펼쳐질 정보와 지식 산업의 진전과 변화는 가히 혁명에 가깝다고 한다. 이러한 급격한 변화를 일컬어 학계에서는 4차 산업 혁명이라 하여 인공 지능, 사물 인터넷, 빅 데이터 등 첨단 정보 기술이 경제, 사회 전반에 융합되어 혁신적인 변화가 일 것이라고 한다. 나아가 기존의 한계를 초월하는 초고속, 초연결, 초경험, 초공유, 초감각 그리고 초지능 시대가 우리 일상의 삶 속에 파고들면서 변화를 가져올 것이며, 더 넓은 범위에서 더 빠른 속도로 크게 영향을 끼칠 것으로 전망하고 있다.

그리고 코로나와 더불어 각계각층의 일성(一聲)이 변화와 혁신, 쇄신과 개혁을 운운하며 새롭게 거듭나기를 주문하고 있다. 이는 시대 흐름에 맞게 조직이 움직이고 콘텐츠가 변화해야 하며, 변화와 혁신을 통해 새로운 가치를 창출해야 한다는 시대적 당위성이 아닐 수 없다. 마치 이전의 관습이나 제도, 방식 등을 새롭게 뜯어고치자는 외침이요, 혁명 시대를 도도히 맞이하자는 깨우침일 게다. 그러나 우리 사회의 변화와 혁신을 뒷받침하는 제도와 행정은 아무리 생각해도 잰걸음만 같다. 변화와 혁신 시대를 맞는 사회관계망에 새로움과 준비 과정이 실제 피부에 와닿지를 않기 때문일 것이다.

Part 4.

나의 경험과 성장
그리고
시간 관리와 계획

기본을 만들고, 쉽게 설명할 수 있어야 하고, 체계를 갖추고, 직·간접 경험을 쌓고, 실수를 고치고, 실수를 줄이고, 자신을 업그레이드하는 등 앞서 기술한 이 모든 것들을 하려면 반드시 필요한 것이 있다. '시간'이다.

시간을 아껴 쓰고 효율적으로 사용하지 못한다면 그 좋은 계획과 좋은 생각들은 무의미해지고 마는 것이다.

필자 역시 그런 고민 속에서 어떻게 하면 시간을 남들보다 더 많이 효율적으로 쓸 수 있을지 고민을 해 왔다. 그래서 하나하나 방법을 터득하게 되었고, 결과를 만들어 내게 되었다. 그렇게 필자는 3년을 버려지는 시간 없이 악착같이 살았더니 10년 경력자를 앞질러 나갔고, 10년을 시간 관리하며 살았더니 2~30년 경력자를 앞서 나가 있는 지금의 나를 발견하였다.

모든 사람들에게 하루 24시간은 동일하게 주어진다. 누군가가 어떻게 하느냐에 따라서 20시간이 되기도 하고 28시간이 되기도 한다. 이렇게 하루, 이틀, 한 달, 1년이 지나면 그 격차는 더욱 커지는 것이다.

대부분의 사람들과 똑같이 9시 즈음 출근으로 하루를 시작하고, 적당히 12시 즈음 점심을 먹고, 오후 6시 즈음 퇴근으로 하루를 끝내고 집에서 TV와 핸드폰으로 하루를 마무리하는 생활로 자신의 미래가 달라질 것으로 생각하면 절대 안 된다. 유명한 말이 있다.

"아무것도 안 하면서 다른 결과를 기대하지 마라."

자신이 성장하고 싶으면 남들과 똑같이 먹고, 자고 해서 누군가를 앞질러 갈 것이라는 막연한 생각으로는 절대 안 된다.

당신은 시간을 잘 활용하고 있는가? 시간은 누구에게나 똑같이 주어졌다. 균등하게 배분된 시간과 정해진 시간을 가장 효과적으로 관리하여 창조적인 삶을 살아가는 법은 그 무엇보다 중요하다.

핵심을 정리해 보면 우리의 몸과 뇌는 항상 일정 속도로 움직이지 않는다. 워밍업의 시간이 필요하고 최고의 스피드를 내고 나서는 마무리 정리 및 휴식의 시간이 필요하다. 최고의 스피드를 내는 단계가 조금 더 길어지게끔, 휴식과 워밍업의 시간차를 줄이기 위해 시간을 관리하는 것이 필요하다는 것이다. 그러면 남들과 똑같이 휴식해서 출발 스피드가 달라지게 되고, 스피드를 내는 구간에서는 더욱 먼 거리를 살 수 있게 되는 것이다.

이어달리기를 생각한다면 잘 이해가 될 것이다.

배턴 터치 구역에서 가만히 서 있다가 배턴 받고 달리는 선수는 없을 것이다. 미리 준비하고 기다리며 배턴을 받으러 나가면서 최고 스피드로 올리게 되는 것이다. 그 핵심 시간을 어떻게 관리하는가에 따라서 이어달리기의 승부는 나는 것이다.

A라는 일을 하고 B라는 일로 넘어갈 때, 가만히 아무 생각도 안

하게 되면 B라는 일을 시작할 때 스피드가 확 떨어지는 것처럼, 모든 일에는 예열→스퍼트→최고 스피드→서서히 마무리 이런 단계를 거치게 된다.

그래서 시간과 일을 그냥 가만히 내버려 두는 것이 아니라 관리를 해서 써야 할 시간에 최고의 효율을 나오게 만들고, 휴식의 시간에서는 최상의 효과를 만들어 내기 위해 시간을 관리해야 하는 것이다.

그러면 시간을 어떻게 관리하는지 핵심들을 설명해 보겠다.

4-1 시간은 관리하는 자의 것이다.
— 계획을 세우는 자에게 주어지는 플러스의 시간

누구에게나 24시간은 같다. 그리고 대다수의 세일즈 또는 비즈니스를 하는 사람들이 스케줄과 시간 관리를 안 한다는 게 사실이다. 기업의 사무직은 주로 주어진 범위 안에서 주어진 일을 열심히 빠르게 잘 처리하면 되는 업무가 많지만, 영업, 세일즈, 비즈니스를 하는 사람들은 보다 공격적으로, 보다 적극적으로 시간을 쓰면서 생활해야 한다. 그래서 제한적인 시간 안에서 최대치의 효율을 낼 수 있게 시간을 쓰지 않으면 스스로도 발전할 수 없고, 경쟁자를 앞지를 수도 없다.

나보다 앞선 자가 잘 때 같이 잠을 자고, 먹을 때 같이 먹고, 쉴 때 같이 쉰다면 어떻게 그 경쟁자보다 앞서서 나가겠는가. 그러면서 신세 한탄을 하는 사람들을 참으로 많이 만날 수 있었다. 시간은 관리하는 자의 것이다. 필요하면 더 일찍 일어나고, 더 늦게 잠들고, 먹는 시간 줄여 가며, TV, 유튜브, 웹 서핑, 온라인 쇼핑 등을 할 시간을 줄여 가며 시간을 확보해야 남보다 더 뛰어난 성장을 하는 것이다. 이 글을 쓰고 있는 필자 역시 지금도 스케줄 관리를 하면서 지내고 있다. 시간의 칼자루를 잡고, 본인이 휘둘러 가며 사용하는 것이다. 그냥저냥 시간이 흘러가는 대로 생활하는 것이 아니다.

요즘 우리 주위에서 "바쁘다. 시간이 없다."라는 말을 입버릇처럼 하는 사람들을 자주 본다. 너 나 할 것 없이 사람들이 시간에 쫓기며 사나. 도대체 왜 그럴까?

시간을 관리하며 해야 하는 일을 하는 것보다 하고 싶은 일을 먼저 하거나, 나중에 해도 되는 일을 핵심 시간에 해서 그런 것이다. 이미 많은 책에서 다룬 내용이 있다.

우선순위	일
1순위	급하고, 중요하고, 지금 당장 해야 하는 일
2순위	급하지 않지만 중요한 일
3순위	중요하지 않지만 급한 일
4순위	중요하지도, 급하지도 않은 일

기본적인 이 순서만 지켜도 일이 밀리거나, 시간에 쫓기는 일은 없다. 운동선수가 자신의 부족한 부분을 채우는 일은 급하고, 중요하고, 지금 당장 해야 하는 일이다. 그래서 이것을 1순위로 하는 것은 지극히 당연한 것이다. 그럼에도 불구하고 다른 일을 한다고 시간을 써 버린다면 점점 자신의 실력은 뒤쳐지게 될 것이다.

살다보면 급한 일도 있고, 중요한 일도 있다. 또 반대로 당장에 중요하지는 않지만 꼭 서둘러 해야 하는 일도 존재한다. 1순위의 일만 하고 살 수는 없는 것이다. 그렇지만 중요한 핵심은 4순위의 일을 핵심 시간에 하지는 말아야 한다는 것이다.

그러면 다음 장에서 하루, 일주일, 월간 스케줄을 어떻게 하면 보다 효율적으로 세울 수 있는지 노하우를 공유해 보겠다.

4-2 일간/주간/월간 스케줄 세우는 방법

어릴 적 방학 계획표를 세우고 그대로 되는 경우는 거의 없을 것이다. 스케줄을 짜는 것에도 요령이 있다. 방법이 잘못된 것이다. 그러나 그 계획이 혹여나 안 지켜지더라도 계획을 안 세우는 사람보다는 계획을 세우는 쪽이 잘될 확률은 높다고 말하고 싶다. 우선적으로 시간을 잘 쓰고 싶은 사람들에게는 계획을 꼭 세우라고 추천하고 싶다.

과도한 욕심으로 작심삼일로 끝나는 계획도 계획이 아니고, 너무 쉬운 계획도 계획이 아니다. 적절하게 잘 세운 계획은 하루를 알차게 보내게 되고, 스스로도 보람을 느끼게 된다. 그렇게 계획을 세우며 하루를 알차게 실천하는 삶을 살다 보면 어느새 탄력을 받게 된다. 그러면 자신도 모르는 사이 성공적으로 체질이 변하게 되어서 무너지지 않게 된다.

하지만 명심해야 할 것은 달성하기 너무 쉬운 계획을 세우면 흥미가 없어지고, 탄력도 떨어지게 되고, 달성하기 너무 어려운 계획은 변수에 취약해서 달성을 못 하는 상황이 자주 생기게 된다. 그러면 계획해서 세운 일정이 자꾸 실패하게 되면서 실패를 습관화하게 된다. 그러다 그 실패가 싫어져서 계획 세우는 것을 아예 포기하게 되는 것이다.

팁을 알려 주자면, 지금 자신의 일과에서 계획은 110%를 채워 넣고, 목표 달성률은 70% 정도로 하는 것을 추천한다. 회식, 갑작스러운 약속 등으로 인해 계획은 언제든지 변할 수 있는 것이다. 그래서 달성률을 70%로 하라는 것이다.

그렇게 한 달, 두 달 지내다가 70% 달성이 익숙해지면, 달성률을 80%로 올리길 바란다. 이렇게 조금씩 조금씩 달성률을 올리다 보면 어느새 예전보다 많은 일을 하면서 더 많은 시간적 여유를 가지게 되는 스스로를 발견할 수 있게 된다.

그러면 계획이라는 것은 어떻게 세워야 하는가?
모든 스케줄 또는 계획 짜기의 중요한 핵심은 그날 당일에 세우는 것이 아니다. 계획은 전날 미리 세워 두는 것이다.

이어달리기를 생각해 보라. 그냥 서 있다가 배턴을 받고 뛰면 늦다. 미리부터 준비해서 속도를 올리고, 배턴을 받아서 뛰어야 속도도 유지되고, 더 빨라질 수도 있는 것이다.
당일 아침 9시에 출근해서 계획을 세운다면, 일 처리 속도 또는 두뇌 회전 속도가 빨라지려고 할 때 점심 먹으러 가야 하고, 다시 휴식이 되고, 오후에는 두뇌 회전 속도가 떨어지기에 능률도 더 안 오르게 된다. 그래서 적당히 일을 하다가 3~4시가 되면 퇴근 시간도 임박하기에 무엇인가 새로운 것을 할 수도 없는 상황이 되어 버린다.

생활은 이렇게 하는 것이 아니다. 전날 계획을 세워 놓고, 아침에 9시 출근하자마자 속도를 올려야 점심 먹기 전에 어느 정도 가시적인 결과가 나오게 된다. 그리고 오후에는 두뇌를 회전할 필요 없이 정해진 스케줄을 계속 이어 나가면 되기에 불필요한 에너지를 낭비하지 않게 된다. 이렇게 하루, 일주일, 한 달, 일 년을 보내게 된다면 다른 직원들과는 차별화된 결과 또는 성과를 내게 될 것이다. 미리미리 준비하는 것이 정말 중요하다.

그 '미리'라는 것의 기준은 오전부터 미리미리가 아니라, 전날에 미리미리 준비해 놓은 것을 기준으로 삼기 바란다.

그리고 중요한 것은 계획을 100% 달성하는 것을 목표로 하면 안 된다는 것이다. 위에도 언급한 내용이지만 관성의 법칙으로 계획이 달성되는 것을 자꾸 느끼고, 성공의 경험을 느낄 때 탄력이 붙는 것이다. 100% 또는 150% 계획을 세운다면 물론 모든 결과가 BEST 이면 좋겠지만, 이렇게 무리해서 세운 계획은 변수에 취약하다.

그래서 계획표대로 생활하는 것에 실패하는 경험을 많이 느낀다면, 향후 '계획은 세워 봐야 의미가 없어.'라고 스스로 단정 짓게 되니, 항상 변수가 안 생기기를 바라지 말고, 변수가 생길 경우를 대비해서 일정 또는 본인의 희망 스케줄의 70% 정도를 달성하는 것을 목표로 하기를 적극 추천해 드린다. 그래야 정신 건강에도 좋고, 계획의 달성률도 높아지고, 탄력이 생겨서 장기적으로 지속되게 된다. 단거리 달리기가 아니다. 장거리 달리기이다. 몸을 만들어 놓는 것이 더욱 중요하다는 이야기이다.

1. 일일 스케줄

필자에게 시간이 부족하다고 찾아오는 사람들에게 알려 주는 팁이 있다. 시간표를 직접 적어 보라고 이야기하는 것이다. 그냥 적어 보라고 하면 추상적이기에 필자가 직접 만든 일일 스케줄을 보여 준다. 이 계획표를 적어 보면 하루에 최소 2~3시간이 그냥 버려지고 있다는 것을 발견하게 될 것이라고 장담할 수 있다.

시 간	할 일	비고
04:00~05:00	잠	V
05:00~06:00		V
06:00~07:00	일어나서 씻고, 아침 식사&출근 준비	V
07:00~08:00	회사로 이동 (오디오 북 듣기)	V
08:00~09:00	아침 미팅 전 일정표 확인 신문 및 기타 자료 공부	V
09:00~10:00	주간 미팅 및 사원 미팅	V
10:00~11:00	오전 방문 업체로 이동(책 읽기)	V
11:00~12:00	업체 미팅(A업체)	X 1번 대체
12:00~13:00	A업체와 점심 또는 혼자서 이동하면서 점심	V
13:00~14:00	B업체 미팅	V
14:00~15:00	B업체와 미팅 및 다음 장소로 이동	V
15:00~16:00	빈 시간. 서점 가서 자기 계발 책 읽기	X 3번 대체
16:00~17:00	C업체 간단 미팅, 커피 한잔 및 여담	V
17:00~18:00	사무실로 이동(휴식)	V
18:00~19:00	업무 정리 및 퇴근 (퇴근 시 유튜브 볼 것 준비)	V

시 간	할 일	비고
19:00~20:00	저녁 식사&취미 활동 및 운동하기 아이랑 노는 시간	V
20:00~21:00		V
21:00~22:00		V
22:00~23:00	내일 업무 최종 점검	V
23:00~24:00	취 침	V
기타 일정 및 스케줄 변경 시 할 일 1. 업체 일정 취소 시 세법 공부할 것 2. 긴급 미팅 잡히면 서점 방문 취소 3. 업체 일정 30분 미뤄지면 전화하기(A업체, B업체, C업체)		

 이런 식으로 하나하나 세밀하게 계획을 세워 놓는 것이 중요하다. 그러면 업체와의 미팅에서도 불필요한 이야기를 최소화할 수 있게 된다. 직접 써 보길 추천한다. 써 보면 스스로 느끼게 되는 것이 있다. 최소 매일 1시간 이상은 버려지고 있다는 사실을 발견하게 될 것이다.

 적으면서 누수 되고 있는 시간을 눈으로 확인해 보길 바란다. 그러고 나서 이 스케줄표를 가지고 빈칸을 채워 넣으면서 살아 보길 바란다. 삶의 질이 달라질 것이다. 하루하루가 변하고, 한 주가 변하고, 한 달이 변해갈 것이다. 이렇게 시간을 효율적으로 사용하지 않으면 절대 변화할 수가 없다.

 그리고 중요한 또 한 가지는, 일일 스케줄의 핵심은 당일에 아침에 출근해서 세우는 것이 아니다. 적어도 전날 퇴근 전까지는 다음

날의 일정이 나와야 한다. "내일 하면 되지!" 가장 무서운 말이다. "내일 해~"가 아니다. 지금 하는 것이다. 먹는 것, 자는 것은 내일로 안 미루면서, 해야 할 일을 하는 것은 내일로 미루어서야 되겠는가?

그리고 만족할 만한 일정이 나오지 않으면 퇴근하거나 잠들면 안 된다. 일정이 너무 루스하다면 억지로라도 채워 봐야 하고, 너무 타이트하다면 밀려서 문제가 생길 수 있으니 자신의 스타일에 맞춰서 조정을 해야 한다. 그리고 스스로 생각해서 만족할 만한 하루를 보내겠다 싶으면 그제야 스케줄 또는 계획표가 된 것이다.

그렇다면 기쁜 마음으로 모든 일을 제쳐 놓고 유튜브나 게임 또는 각자에게 맞는 취미 활동 또는 휴식을 하면서 하루를 마무리하길 바란다. 내일 뭐하지? 내일은 또 뭐하지? 이런 불안감 섞인 생각으로는 절대 발전을 할 수가 없다. 좋은 습관 속에서의 삶의 연속, 나쁜 습관 속에서의 삶의 연속. 이런 삶들이 모여서 한 달, 일 년이 되는 것이다. 지금의 자신을 만들어 낸 것이다. 절대 오늘 하루, 오늘 한 시간을 가벼이 여기지 말기를 바란다.

2. 주간 스케줄

월, 화, 수, 목, 금요일이 모두 똑같은 요일이 아니다. 하루를 보더라도 오전, 오후, 저녁에 해야 할 일이 있고, 때를 맞춰 해야 능률이 배가 되는 일들이 있다. 하루만 봐도 그런데 일주일로 확대해 보면 주 초반인 월요일에 해야 할 일이 있고, 주 후반 금요일에 해야 할 일이 있는 것이다. 월~금요일까지 그냥저냥 똑같이 흘려보내는 것이 아니다.

코칭을 위해 많은 회사를 다녀 보고, 사람들을 만나 보면, 대부분 월요일에 출근해서 주간 스케줄을 제출하라고 하는 회사 또는 상사가 참으로 많다. 물론 스케줄을 제출하라고 하는 것조차 없는 회사는 더욱 많다.

15년의 경험으로 확실히 이야기할 수 있겠다. 스케줄 또는 계획서를 작성해서 제출하는 회사 또는 사람이, 그렇지 않은 회사 또는 사람보다는 월등히 실적이나 성과가 우수하다고. 잠깐을 비교해 보면 차이가 없을 수도 있고, 반대의 결과일 수도 있겠지만, 하루, 이틀, 한 달 살고 말 것이 아니라면 무조건 계획을 세우는 쪽이 유리하다고 할 수 있겠다.

그러면 개인 또는 기업의 주간 스케줄은 어떻게 만들어지고 언제까지 작성이 되어야 하겠는가?

주간 스케줄의 핵심은 월요일에 출근해서 작성하는 것이 절대 아니다. 전주의 금요일 퇴근 전까지는 나와야 하는 것이다. 조금 다른 말로 하자면 목요일과 금요일에는 다음 주의 일정을 잡는 것까지 신경 써야 하는 요일이라는 것이다. 목요일 또는 금요일에 다음 주의 일정이 최소 70%는 만들어져 있어야, 월요일 아침부터 속도를 내서 일을 할 수 있는 것이다.

  그렇게 탄력을 받아서 월, 화, 수, 목요일을 보내고 금요일에는 부족한 것 보완 및 다음 주의 일정을 집중적으로 짜는 것이다. 월요일부터 탄력을 받아서 일을 했기에 생각보다 많은 일을 하게 되지만 생각보다 힘들지는 않는 것이다. 그리고 결과물이 나오게 되면서 스스로도 뿌듯하게 된다. 그러고 나서 다음 주의 일정도 거의 계획해 놓았기 때문에 편하게 주말을 보내라는 것이다. 이렇게 편하게 주말을 보낸 자의 다음 주 월요일은 얼마나 힘 있게 에너지 있게 펼쳐지겠는가?

  월요일 출근해서 '이번 주는 뭐하지?' 하고 생각하는 A 영업 사원과 다음 주의 일정이 70% 정도는 채워진 상태에서 월요일 출근하는 B 영업 사원. 대부분 스케줄이 많은 B를 부러워하면서도 행동은 A처럼 하고 있다. 이 둘의 결과는 뻔히 예상되는 것 아니겠는가.
  덧붙여, 당신이 사장이라면 A와 B중에 누구를 PICK할 것인가.

  그래서 월요일부터 금요일 이렇게 평일로 분류하는 것이 아니다. 각 요일별로 능률이 다르고, 해야 하는 우선순위 또한 다르다는 것을 인식하길 바란다.

3. 월간 스케줄

　월간 스케줄은 주간 스케줄과 비슷한 흐름으로 간다고 보면 되겠다. 대부분의 회사들 또는 영업 사원들은 월말을 급히 마무리하고 월초에 출근해서 회의하고 점심 먹고 나서 월간 계획을 생각한다. 그렇게 되면 최소 하루, 이틀은 어영부영 넘어가 버리고 만다. 속도를 더 내고 싶거나 유지하고 싶다면 최소 전달 25일부터는 다음 달 스케줄 짜는 작업에 돌입해야 한다. 그래야 월초부터 바로 스타트를 할 수 있게 되고 업무가 스피디하게 연속적으로 이어지게 되는 것이다.

　월말과 월초에 어수선하게, 어리바리 시간이 훅 지나간다. 이 시간을 잘 아껴서 효율적으로 쓴다면 최소 7일에서 10일 정도는 더 많은 시간을 확보하게 되는 것이다. 연말과 연초에는 더욱 누수 되는 하루하루가 많다. 이때 주변의 환경과 분위기에 취하거나 동요되지 말고 스스로 할 일을 착실하게 해 나가길 바란다.

　우리는 여행하러 가는 것이 아니다. 하물며 가족 또는 회사에서 여행을 가더라도 목적지에 도착해서 본격적으로 즐기는 것이 아닌가. 목적지에 가면서 놀 거 다 놀고, 구경할 것 다 하고, 먹을 것 다 먹고는 갈 길을 못 가게 된다.

　여행만 하더라도 이런데, 업무를 함에 있어서는 더욱더 목적지에 가는 것을 최우선으로 해야 하지 않겠는가. 물론 인간미 없이 연말과, 송년회 등등의 행사 또는 축하 자리를 차단하고 지내라는 뜻은 아님을 잘 이해하기 바란다.

4. 연간 스케줄

앞서 일간, 주간, 월간 스케줄 작성법에 대해서 이야기를 잘 들었다면 연간 스케줄 또한 어떻게 작성해야 하는지 감이 올 것이다.

참으로 미련한 회사들이 많다. 1월 1일 일출을 보고 다음 주 월요일에 출근해서 회의하고, 회식하고, 적당히 이야기하다가 구상해서 연간 계획을 세워서 발표를 하는 신년회 또는 워크숍 등을 하는 회사들이 참으로 많다. 그런데 이런 상황에서 세운 연간 계획은 하나같이 써먹지도 못하는 내용들이 태반이다. 왜 그럴까?
연말, 연초 동안 아무런 생각이 없었으니까! 갑자기 연간 계획을 세우라고 하니 두뇌가 회전이 안 되는 것이다.

신년회 또는 신년 워크숍이 잘못된 것이 아니다.
핵심은 연간 계획을 세우는 시기가 잘못된 것이다.

가능하다면 11월 말까지를 기점으로 한 해를 마무리하고, 12월부터는 다음 해의 일정을 짜는 것이다. 고로 12월은 당해 부족한 부분을 보완해서 마무리함과 동시에 다음 해의 구상과 계획을 짜는 달이다. 열심히 일하고 또 일하고, 새벽같이 일하고 영업하는 달이 아니라는 것이다. 실적을 맞춰야 할 영업 사원이 12월에도 열심히 움직이느라 정신이 없다면 "와~ 대단하다."라고 할 것이 아니다. 그 행동은 이미 최고는 아니라는 뜻이다. 11월까지 모든 실적이나 성과를 끝내고, 휴식도 취하면서 보완해야 할 부분이나, 챙겨야 할 소중한 분들을 챙기면서 다음 해를 준비하는 워밍업을 해 나가야, 새해가 밝았을 때 경쟁자들보다 더 빠른 속도로 움직일 수 있는 것이다.

많은 회사들이 계획표는 부지런히 세우고 있으나, 계획표를 작성하는 방법과 시기들을 모르고 있으니, 시간을 효율적으로 효과적으로 사용할 수가 없는 것이다.

'때'가 중요한 것이다. '때'를 지킬 수 있어야 한다. 앉을 때가 있고, 설 때가 있으며, 먹을 때가 있고, 움직일 때가 있으며, 말할 때가 있고, 말을 멈추어야 할 때가 있는 법이다. 삶에도 '때'라는 것이 중요하듯이 계획을 세우는 것에 있어서도 '때'라는 것이 중요한 것이다.

자신 있게 이야기할 수 있겠다. 이렇게 시간을 관리하면서 '때'에 맞게 행하면서 매일, 매달, 매년 살아 봐라. 어느새 자신이 상상도 못 했던 삶을 살고 있을 것이라고 200% 이상 확신한다.

4-3 끊임없는 업그레이드. 조금씩 조금씩 그러나 멈추지 말고.

　물이 흐르지 않으면 결국 썩게 된다. 썩으면 냄새가 나게 되니 주위에 아무도 없게 된다. 그리고 파리, 모기 같은 벌레만 있게 된다.

　자신의 삶 또한 변화의 강물 속에서 흘러가지 않으면 결국 도태되고 뒤처지고 마는 것이다. 그리고 매번 똑같은 지식은 본인이 매너리즘에 빠질 수 있다. 변화가 없으면 권태가 온다. 그래서 업무 후든 주말이든 서점에 가서 사회의 경향을 분석하고 책을 보고 정보를 계속 취득 및 업데이트해야 한다.
　상대를 위해서 학습을 하라는 것이 아니다. 본인을 위해서 하라는 것이다. 지금은 업무에 있어서 나의 지식이 통하고, 성과에 기여를 하겠지만, 1년, 2년만 지나도 옛날 지식이 되어 버린다. 그래서 업그레이드하지 않으면 안 된다.

　골프 선수의 스윙 역시 시대가 지나면서 많이 바뀌고 있다고 한다. 5년 전에 그 스승의 스윙이 맞았다고 지금도 역시 맞다고는 할 수 없는 현실이다. 이론은 계속 업그레이드되는데 그런 첨단 스윙을 빨리 받아들이고, 노력하고, 준비한 자는 결국 잘되게 되어 있는 것이다.
　그래서 프로 선수일수록 지식의 업그레이드는 더욱 빨라야 한다.

영업의 프로, 세일즈의 프로라고 생각한다면 외부에만 열심히 다니고, 시간을 쓰면 안 된다. 내적인 부족을 채우고 업그레이드하지 않는다면 결국 한계를 맞는다는 것은 당연한 이야기이고, 당연한 결과라고 할 수 있겠다.

그리고 골프 선수가 필드만 다니고 시합만 다니면 자기도 모르는 사이 자세가 틀어지고 안 좋은 습관이 만들어진다고 한다. 그래서 시합이 끝나면 반드시 코치에게 스윙 점검을 받고 교정하는 시간을 지닌다고 한다.

이처럼 비즈니스를 하러 외부에 많이 다니고, 고객을 많이 만나고 하는 사람들은 영원할 것 같던 에너지가 어느새 방전이 되어 버린다. 그래서 책을 많이 읽든, 멘토를 찾아가든, 사색도 하고 휴식과 재충전을 하면서 생활해 나가야 진정한 롱런(Long Run)이 가능하다. 잠깐 반짝하는 스타는 금세 잊힌다. 그리고 남는 것이 없다. 그래서 오랫동안 좋은 실적을 내는 사람들은 내직, 외적의 풍성함으로 항상 충전되어 있다는 것이다.

삼성전자 고(故) 이건희 회장님의 이야기가 참으로 와닿는다.

"자식과 와이프 빼고 다 바꿔라."

진정 이 마인드가 정말 맞다고 필자는 판단한다. 부족한 지식, 시대를 따라가지 못하는 지식으로는 금세 한계를 맞을 수밖에 없다는 것이다. 바꾸고 변화시키고, 공부하고, 업그레이드하는 것이 결코 쉽지 않음을 잘 알고 있다. 그렇기에 이렇게 한번 투자를 한 사람은 경쟁자보다 우위에 있는 것이다. 기업의 경우에도 끊임없는 투자를 한 기업은 결코 시대에 뒤떨어지지 않는 것이다.

성장은 어렵다. 하지만 한번 도태되면 다신 올라오는 것은 몇십 배는 힘들다. 그렇기에 크게 한 번에 가려고 하지 말고, 조금씩 조금씩 그러나 멈추지 말고 변화해 나가는 것이 중요하다는 것이다.

4-4 자신은 없어지는 것이 아니고 업그레이드하는 것.

비즈니스 코치를 하거나, 영업 사원들 코치를 하다 보면 많이 볼 수 있는 사례가 있다. 회사에서 가르쳐 준 용어, 말하는 방법, 언어, 멘트 관련 안내 책자를 보면서 그것만 달달 익히고 기계처럼 행동하는 사례다.

본인이 느끼기에도 어색한데 상대가 들으면 좋게 들릴 것으로 착각하는 것인지? '계속 말을 하다 보면 자연스러워질 것이다.'라고 착각하는 것인지? 의문이 든다.

흔히 말하는 교과서에 나와 있는 언어와 실제 자신이 사용하고 있는 언어는 전혀 다르다. 교과서의 언어를 참고만 해서 자신의 언어와 접목을 시켜야 하는데, 그냥 달달 외워서 따라 하기 급급하니, 30대 사회 초년생이 마이바흐를 타고 있는 것과 같은 부자연스러움이 넘쳐나는 것이다.

핵심적인 문제가 바로 이것이다. 30년 동안 살아온 자신의 직·간접 경험과 생각과 철학과 말투와 행동들은 모조리 무시하고 없애 버린 채, 회사에서 주어지는 매뉴얼로 자신을 덮어쓰기 해 버리는 것이다.

자기 자신을 덮어쓰기 해서 만들어 버리는 것이 아니다. 스스로를 갱신하고 업그레이드하는 것이다.

한 예로, 보험 회사에서 많이 볼 수 있는 모습이 있다. 신입으로 입사를 하면 매뉴얼을 주고 2~3명에서 역할을 나누어 롤플레잉(Role Playing)을 연습시킨다. 나는 고객, 너는 소개자, 너는 컨설턴트. 이렇게 역할을 나누어 매뉴얼을 읽으면서 연습을 하는 것이다.

이 자체가 나쁜 것은 절대 아니다. 문제는 책에 적혀 있는 아주 친절하고 모범적인 언어들이다. 우리가 살아가는 그 환경에서 과연 책에 나와 있는 단어를 얼마나 사용하면서 살아갈까? 구어체와 문어체를 구별하지 못해서 글로 쓰는 언어를 일상 언어로 대체하려고 하니 어색하기 짝이 없는 대화가 되는 것이다.

"선배님, 안녕하십니까, 잘 지내고 계셨습니까? 혹시 잠깐 시간이 되시나요? 저는 ○○보험 회사에서 정말 좋은 강의를 듣고, 좋은 내용을 알게 되어서, 선배님께 설명을 드리면 정말 좋겠다 싶어서 이렇게 전화를 드렸습니다."

이렇게 토씨 하나 안 틀리고 열심히 전화를 하고 있는 모습을 많이 봐 왔다.

약속의 성사율은? 안 봐도 뻔한 한 자리 수 퍼센트. 그런데 더 가관은 팀장, 매니저, 또는 지점장이라는 사람들이 그렇게 열심히 하다 보면 언젠가 잘되게 되어 있다고 칭찬과 격려를 하는 것이 아닌가. 그렇게 그 칭찬이 맞다고 생각해서 자신의 말투와 행동들은 사라지고, 매뉴얼의 글자로 덮어쓰기를 하면서 일을 하고 그렇게 3년,

5년이 지나면 '나는 누구인가? 어떤 모습이 내 모습이지? 나는 원래 이렇지 않았는데….' 하는 생각들이 스멀스멀 올라오면서 소위 말하는 '멘붕'을 맞이하게 된다.

  자신의 모습은 없어졌기에 이런 멘붕을 해소하기는 어려울 것이며 자신의 마음속에서의 마인드적인 싸움은 더욱 커질 것이다. 결국 회사를 그만두든지 아니면 공황 장애 또는 각종 정신적인 스트레스와 질병에 시달리게 된다.

  세일즈 또는 영업의 관리직 사람들도 알아야 한다. 시대가 바뀌었다. 과거에는 평균 점수 올리기 싸움이었다. 골고루 잘해야 인정받는 시대였다. 공부도 적당히 잘하고, 인성도 적당히 좋고, 말도 적당히 잘 듣고, 시키는 거 적당히 잘하고 하는 그런 시대였다.

  그러나 지금은 그런 시대가 아니다. 각자의 장점을 극대화하는 시대다. 단점은 최대한 보완 또는 드러나지 않게 하면서 자신의 장점을 극대화하며 새로운 것을 받아들여야 한다. 자신을 없애지 마라. 단점은 누구에게나 있는데 이 단점을 극복하려고 노력하는 것보다 장점을 극대화하는 삶을 추천한다. 그래야 삶의 만족과 행복 지수가 올라가는 삶을 살 수 있다. 그러니 자신을 장점을 빨리 파악하고 높은 차원으로 올라가기 위해서 새로운 것으로 갈아타는 것이 아니라, 새로운 것을 자신에게 접목시키라는 것이다.

  기억하라. 새로운 것이 자신에게 붙는 것이지, 자신이 새로운 것에 붙어 버리는 것이 아니다. 새로운 것에 붙어 버리게 되면, 새로운 것이 사라지면 자신 또한 사라지고 마는 것이다. 절대적으로 자신이라는 존재는 없어져서는 안 되고, 자신이 가지고 있는 장점, 개성들은 더더욱 없어져서는 안 된다. 자신을 없애지 마라.

자신은 없어지는 것이 아니고 업그레이드하는 것이다.

Part 5.

에필로그

5-1 경험과 성장의 순간

처음 비즈니스를 시작할 때는 두렵고, 초라함이 느껴지고, '나는 왜 못 할까? 왜 안 되지?'라는 생각도 많이 했는데, 그래도 버티고 버티면서 1년이 지나고 2년, 5년이 지나니 어느새 성장해 있는 자신을 발견하게 된다. 그 자리에 만족하지 않고, 조금 더 발전을 하기 위해서, 그리고 매너리즘에 빠지지 않기 위해서 또 공부하고, 새롭게 정리하고, 지속해서 자신을 업그레이드해 왔다.

그러다 보니 시간의 중요성에 대해서 알게 되었고, 시간에 끌려 사는 것이 아니라, 스스로 시간을 잡고 시간을 관리하며 살아가야 한다는 것을 깨닫게 되었다. 여러 수많은 실패도 있었고, 실수도 있었지만, 그것을 회피하고 변명하고 핑계 대기보다는 정면으로 부딪혀 보면서 극복해 나가고 이기면서 왔다.

그러다 보면 나의 부족함으로 넘어지게 되기도 하였다. 넘어지는 것이 문제가 아니라 넘어진 상태로 그냥 있어 버리는 자신이 더욱 문제임을 깨닫게도 되었다. 실패가 문제가 아니고, 실패한 마음을 땅에 질질 끌면서 살아가는 것이 더욱 큰 문제인 것도 깨닫게 되었다. 단순히 머리로 알게 된 것으로 지금의 필자가 된 것이 절대 아니다. 많은 경험을 통해서 하나하나 겪고, 이겨 나가면서 지금의 필자가 된 것이다.

그리고 나 혼자 성장한 것도 절대 아니다. 주위의 수많은 사람들이 도와주지 않았다면 절대 불가능했을 것이다. 그래서 하고자 하는 자, 힘들어하는 자들을 보면 그냥 지나칠 수 없기도 하다.

어느새 어른이 되어 가고 성장을 했다는 것을 느끼게 된다.

5-2 앞으로의 전망

　수많은 경험들에 대해서 너무나 할 이야기가 많았다. 미처 하지 못한 부분은 다시 집필하며 후속책이 나올 것이다. 그리고 필자의 특화된 장점은 크게 세 분야다.

　하나는 이 책에 집필된 '세일즈 관련 분야'이다.
　어떻게 소통하는지, 어떻게 하면 성공하는 세일즈를 할 수 있는지에 대해서 체계를 잡고 있고, 코칭을 해 주면서 어떤 분야에서도 써 먹을 수 있는 세일즈의 핵심과 근간을 알려 줌과 동시에 단순한 이론적 지식이 아닌 그 상황에 맞는 경험과 노하우를 가지고 있다.

　그리고 또 한 분야는 '강의'이다.
　본인은 쉽게 강의하는 것을 잘하는 편이다. 누구나 앉아서 듣고만 있으면 이해가 되는 강의가 전문이다. 복잡한 내용도 쉽게 강의할 수 있고, 핵심을 탁탁 집어서 잘 설명한다. 그래서 마이크를 잡고 있으면 얼마든지 상대를 움직이게 할 수 있게 된다.

　끝으로 한 분야는 CEO의 '컨설팅 분야'이다.
　CEO 개인과 기업 그리고 가치관과 마인드까지 다양한 분야를 다루고 있어서 어떤 기업이 잘되고, 어떤 CEO가 잘될 것인지 이제는 한 번만 만나 봐도 얼추 보인다고 말하고 싶다. 그래서 향후에는 기업 CEO에 대해서 시사점을 줄 수 있는 실질적인 내용을 다시 집필할 예정이며, 처음 사회 진출에 필요한 CEO부터 이미 성장을 끝낸 기업에 이르기까지의 핵심들을 정리하여 사업을 어떻게 해야 할지, CEO의 역할은 무엇일지에 대해 고민하는 사람들에게 도움이 되는 책을 집필할 예정이다. 더 나아가 독자들을 위한 SNS와 이메일, 초청회 등 다양한 방법으로 사회에 이점이 되는 방향으로 소통을 지향하고 싶다.

5-3 책을 마치며

　비즈니스든 세일즈든 운동이든 취미 생활이든 누구나 잘하고 싶을 것이다. 그런데 그것이 안 되는 이유와 못하는 이유를 알지 못하고 그냥 막연히 열심히 아등바등하는 모습을 많이 상담해 왔다. 그래서 조금이라도 그들에게 도움이 되고자 책을 쓰자고 결심을 하게 되었다.

　누구나 사업이든 취미든 운동이든 처음 시작할 때는 장밋빛 미래를 생각하고 시작했겠지만, 누구에게나 실패가 찾아온다. 필자 역시 글을 쓰는 것에는 많이 미숙하여서 몇 번이나 고치고, 수정하고, 또 고치고, 삭제하였다. 이런 과정을 실패라고 하면 할 수도 있겠다. 하지만 강조하고 싶은 것은 이때 이 실패를 어떻게 받아들일 것인가가 무척이나 중요하다.

　실패는 피하는 것이 아닌, 극복하는 것이다. 실패를 회피해서는 절대 성장하지 못한다. 실패는 넘어서는 것이다. 걱정하지 마라. 절대 자신이 넘을 수 없는 실패는 오지 않는다. 모두 다 감당할 수 있는 또는 감당할 만한 실패라는 것이다. 실패라는 녀석을 두려워할 필요가 없다. 두려워해야 할 부분은 너의 마음이다. 실패에 쫄 필요가 없다.

실패 없는 성장은 없다. 절대 없다. 그러나 실패에서 주저앉아 버리면 평생 그 자리이다. 중요한 것은 실패한 사실이 아니라, 그 자리에 주저앉아 버리는 것이다. 어쩔 수 없다. 본인이 일어나서 극복하고 움직이는 것만이 답이다. 그 어느 누가 대신해 줄 수 없다.

이런 사실들을 깨닫고, 눈물 나고, 힘들었지만, 일어나서 움직이는 삶을 20년 이상 했더니 부족하지만 이렇게 책으로라도 남길 수 있는 존재가 되었다. 이제는 몇 명에게만 알려 주고 가르쳐 주는 것을 넘어서 비즈니스에 어려움을 가진 수많은 사람들이 조금이라도 도움을 받았으면 하는 마음에서 책을 쓰게 되었다.

Q&A

Q: 영업 또는 세일즈를 열심히 하고 있는데, 아무리 해도 실적이 안 늘어요.

A: 자신 있게 말씀드릴 수 있습니다. 방법이 잘못되었습니다. 자신의 세일즈 스타일을 다시 한번 연구해 봐야 합니다. 실력과 노력과 열심을 떠나서 순서와 체계가 잘못된 경우를 많이 보게 됩니다. 대체적으로 세일즈를 '막' 시작을 하고, '막' 덤볐기에, '막' 결과가 나오는 것입니다. 잘되는 것도 '막' 나오고, 안되는 것도 '막' 나오니 계획을 세울 수가 없는 것입니다. 자신의 행동을 다시 한번 살려 보시길 추천 드립니다.

옛날의 영업 방식(10~15년 전)은 "그냥 열심히 하면 실적이 나온다."라는 말이 통하는 시대였습니다. 물론 지금도 통합니다. 그러나 저는 그냥 열심히 일하는 단계를 좋아하지 않습니다. 지금의 노동력과 시간을 돈으로 맞바꾸는 것이기에, 5년 뒤, 10년 뒤에도 지금처럼 노력하지 않으면 지금의 수입은 가져갈 수가 없는 구조입니다. 그런데 5년 뒤, 10년 뒤의 자신의 몸 상태는 절대 지금과 같을 수가 없을 것입니다. 그래서 스마트하고 지혜로운 세일즈 방식이 필요합니다.

Q: 저는 갓 입사해서 지식이 부족한데 저 역시 노력하면 세일즈를 잘 할 수 있나요?

A: 당연합니다. 체계적으로 열심히 목표를 잡고 시간을 잘 아껴 활동한다면 누구에게나 기본 이상의 실적은 발생할 것입니다. 세일즈는 특정 인물들 또는 활발하고 남에게 이야기 잘하는 그런 성격이 조금 더 유리한 것이지, 절대적인 것은 아닙니다. 하지만 입사 초기에는 선배들과 비교했을 때 움직이는 양에 비해 실적이 부족한 것은 지극히 당연한 것입니다. 여기서 말한 입사 초기라 함은 1년 이내를 이야기하는 것입니다. 1년이 넘었다면 그다음부터는 실적 대 실적입니다. 적어도 1년 동안은 부지런히 자신을 만드시길 바랍니다. 지식이 부족한 것은 1년까지는 핑계 및 합리화가 될 수 있겠지만, 1년 이후부터는 변명거리가 되지 못합니다. 그래서 아직 입사한 지 1년이 안 되었다면 전혀 기죽지 마시고 열심히 하시길 바랍니다. 그래서 1년 이후 경쟁자들을 앞질러 가시길 바랍니다.

Q: 어떤 일을 할 때 가장 보람을 느끼시나요?

A: 누구에게나 어려움은 있습니다. 당사자의 입장에서 또는 문제 안에서 문제를 바라보면 해결의 실마리 또는 핵심을 캐치(Catch)하는 것에 어려워합니다.

반대로 저는 밖에서 객관적으로 그 문제를 바라봐 주기에 쉽게 핵심을 찾아낼 수가 있는 것 같습니다. 그래서 단순하고 누구나 할 수 있는 문제들보다는, 보다 어려운 문제, 복잡한 문제, 이리저리 얽혀 있는 문제들을 해결했을 때 가장 큰 보람을 느낍니다. 문제를 해결해 주고, 핵심을 발견해 주어 그것을 행동으로 옮기게 해 주는 것을 좋아합니다. 그러면 그 상대는 그 솔루션(solution)으로 인해 삶이 바뀌게 됩니다.

이렇게 상대의 고민을 해결해 주고, 나아가서는 더 발전할 수 있게 도와주었을 때 보람을 느끼는 것 같습니다. 그래서 강의도 많이 하고, 코칭도 많이 하는 일을 하고 있는 것 같습니다.

Q: 세일즈, 영업을 하기에 가장 좋은 나이는 언제인가요?

A: 1차원적인 세일즈 적령기는 25~55세까지가 아닌가 생각합니다. 하지만 조금 더 깊이 들어간다면 25~35세까지가 핵심적으로 세일즈를 해야 하는 연령대인 것 같습니다. 제가 세일즈를 "해야 하는"이라고 붙인 이유는 이 시기에는 가능하다면 단순 업무 또는 사무직 보다는 '영업직 또는 세일즈'를 하기를 추천드려서 그렇습니다. 세상의 모든 일은 사람이 하는 것입니다. 최근 유행하는 스마트 팩토리, 스마트 시스템, IOT, 블록체인 등 모든 단어는 기계가 하는 것처럼 생각할 수 있습니다.

그러나 본질적으로는 다릅니다. 결국 '사람이 하는 것'입니다. 그래서 사람을 상대할 줄 알아야, 상대와 '밀당'을 할 수 있어야 한다는 것입니다. 사람을 대할 줄 알면 Up selling도 가능하기에 높은 수익도 낼 수가 있는 것입니다. 그리고 내가 원하는 목적을 달성하는데 어려움이 많이 제거가 됩니다.

이런 내용은 절대 책으로 보아서는 익힐 수가 없는 내용입니다. 자신에게 큰 자산이 되는 것입니다. 책에서 글로 몇 자 적을 수는 있지만, 그것보다 자신이 겪으면서 실패와 성공의 경험을 축적한 것이야말로 최고의 자산이 되는 것입니다.

그래서 25~35세 나이에는 이왕이면 영업 또는 세일즈를 하시길 추천드립니다.

Q: 세일즈를 하려면 자동차는 무조건 좋은 차를 타야 하나요?

A: 보험 영업의 업종에서 많이 나오는 질문이기도 합니다. 결론부터 말씀드리자면 70%는 맞고, 30%는 아니라고 말씀드리고 싶습니다.

좋은 차를 타서 손해 볼 것보다는 플러스 되는 부분이 많은 것은 사실입니다. 그러나 30%는 아니라고 한 것은 자신의 상황에 맞지 않는 차를 두고 이야기하는 것입니다. 보편적인 관점에서 20대의 사회 초년생이 외제차(예를 들면 벤츠 E-class, BMW 5-series, AUDI A6)를 탄다고 하면 '잘나가고, 돈 많이 버는구나.' 하고 생각하는 분들도 계시겠지만, '나한테 보험 팔아서 번 돈으로 외제차나 타고 다니네.', 또는 '나는 해약했더니 1,000만원 손해가 났는데, 보험 영업 사원은 외제차 타고 있네.'라는 뭔지 모를 부정적인 시야도 많아지게 되는 것입니다.

 반대로 40대 또는 50대의 영업 사원이 20대가 탈 법한 차를 타고 다닌다면 그것 또한 어울리지는 않는다고 이야기하고 싶습니다. '저 영업 사원 알뜰하네, 절약하네.' 이렇게 이야기하는 분들도 계시지만, 그렇지 않은 분들도 계시기에 소개가 쉽게 안 나올 수도 있습니다.

 그래서 원하는 자동차를 타세요, 타지마세요 라는 뜻이 아니라, 이왕이면 적당한 차량으로 절제 및 소비를 하는 편이 나쁘지 않다는 이야기입니다.

   Q: 자동차가 없으면 고성과를 달성할 수 없나요?

 A: 80%는 맞고 20%는 아니라고 말씀드리고 싶습니다.

 맞는다는 이유는 첫 번째로, 우선 자동차가 있을 경우 하루에 다닐 수 있는 거리와 업체의 수가 늘어나게 됩니다. 자동차가 없는 영업 사원에 비해서 하루에 한 군데만 더 많이 방문할 수 있어도 한 달이면 20 군데, 1년이면 240 군데를 더 방문하게 되는 것입니다. 어마어마한 차이가 나게 됩니다.

 그리고 두 번째로 1년의 날씨는 비, 눈, 더위, 추위와의 싸움인데 자동차가 없이 다닐 때 날씨에 의해 일정이 많이 변경되고, 몸의 피로도 많이 쌓이게 됩니다. 그런데 자동차로 다니면 컨디션 관리에 훨씬 도움이 되어서 업무에서의 효율도 훨씬 올라가게 됩니다.

하지만 이것은 방문의 수가 많아진다는 것이지, 100% 실적으로 연결되는 것과는 다른 이야기입니다. 실적은 어떤 사람을 만나서 어떻게 풀어 가는가에 대한 문제입니다.

10,000원짜리 물건을 10명 만나서 100,000원어치 파는 것이나, 1명 만나서 10개 파는 것이나 같은 실적입니다. 오히려 1명 만나서 10개 파는 영업 사원이 더 잘하는 영업 사원인 것입니다. 고성과자인 것입니다.

그래서 정리해 보면 자동차가 있는 편이 훨씬 유리한 것은 사실이지만, 고성과에 직접적인 영향을 주는 것은 아니라고 말씀드리고 싶습니다.

Q: 세일즈 또는 영업을 꼭 해야 하나요?

A: 세상 모든 일은 영업이라고 보시면 될 것 같습니다. 식당은 단골 또는 찾는 손님들이 많아야 하기에 마케팅, 홍보, 전단지, 서비스, 음식 맛 강화 등에 역량을 쏟는 것이고, 학원은 학생이 많아야 하기에 좋은 시스템, 좋은 시설, 등하원 차량 운행, 좋은 선생님 모시기 등을 하면서 영업을 하는 것이고, 기업도 자신의 물건 판매를 위해 CF도 찍고, 유튜브도 하고, 광고, 홍보, 팸플릿 등의 자료를 활용해 영업을 하는 것입니다.

모든 일의 기본 또는 본질은 영업인 것입니다. 그래서 영업 또는 세일즈 하는 것을 두려워 마시고, 걱정하지 마시고 부딪혀 보시길 추천 드립니다.

현장에서 배우지 못하면, 책에서는 절대 배울 수가 없습니다. 책으로 배워질 영업이 절대 아닌 것입니다.

Q: 블로그나 카페를 운영하면 도움이 되나요?

A: 이것도 많이 듣는 질문입니다. 결론적으로 말씀드리자면, 50% 정도 도움은 됩니다. 이 말은 50%는 그렇게 도움이 되지 않는다는 이야기도 됩니다.

도움이 되는 50%는 On-Line 검색으로 자신 관련 내용이 나오게 된다면 신뢰도 부분에서는 조금 상승할 수 있기 때문입니다. 그리고 처음 만나서 이야기할 때도 칼럼 또는 신문에 나온 내용을 가지고 이야기한다면 한결 부드러운 첫 만남이 되기 때문입니다.

하지만 영향력을 50%로 제한한 것은 신문에 나왔다고 구매에 절대적으로 영향을 미치지는 않기 때문입니다. 무엇이든 적당한 것이 좋습니다. 하루 종일 컴퓨터 앞에 앉아서 상품 판매 글만 올려서는 절대 판매로 이어지지 않습니다. 현장으로 나가야 합니다. 그런데 많은 영업 사원들이 컴퓨터 앞에 앉아서 블로그 꾸미기를 하고 있는 것입니다.

정도를 넘어간 것은 시간 낭비라고 말씀드리고 싶습니다. 일주일에 한 번 정도가 적당한 것 같습니다. 그 이상은 네이버 좋은 일만 시켜 주는 격입니다.